Hans Rohrbach

Unsichtbare Mächte und die Macht Jesu

R. Brockhaus Verlag Wuppertal

R. Brockhaus Taschenbuch Bd. 370

Umschlaggestaltung: Carsten Buschke, Leichlingen 2
Umschlaggrafik: J. R. Sassandra, Paris
Gesamtherstellung: Breklumer Druckerei Manfred Siegel
ISBN 3-417-20370-8

Meinem Freunde
Otto Michel
in dankbarer Verbundenheit

Lebt nicht wie Unwissende,
sondern wie Menschen, die wissen,
worauf es ankommt.

Epheser 5,15

Inhalt

VORWORT

Das vorliegende Buch ist eine erweiterte und geringfügig umgearbeitete Fassung des Buches »Mit dem Unsichtbaren leben«, das 1978 in zweiter Auflage beim R. Brockhaus Verlag erschienen und inzwischen vergriffen ist. Sein Anliegen wird hiermit erneut aufgenommen.

Denn immer stärker macht sich unter den Völkern der Erde eine okkulte Bewegung bemerkbar. Sie wird von Experten als okkulte Welle oder okkulte Explosion gekennzeichnet und muß als endzeitliches Geschehen verstanden werden, das mehr und mehr um sich greift und an Wucht weiter zunehmen wird, wie Peter Beyerhaus in seinem Vortrag auf dem Gemeindetag unter dem Wort 1978 in Stuttgart ausgeführt hat. Es erscheint mir daher notwendig, auf die Hintergründe, die Gefahren und die Zusammenhänge dieser okkulten Erscheinung deutlich hinzuweisen.

Dabei wird dem Okkulten – den Einflüssen unsichtbarer Mächte – nur so weit Raum gegeben, wie es zur Kennzeichnung erforderlich ist. In erster Linie geht es darum, die Macht Jesu herauszustellen und die Hilfe, die allein von ihm, der alle Mächte der Finsternis überwunden hat, dem Angefochtenen gegeben werden kann. Dabei genügt es nicht, das Okkulte etwa mit dem Forschungsbereich der Parapsychologie gleichzusetzen. Nach meiner Überzeugung ist es nicht möglich, Einwirkungen aus der unsichtbaren Welt in das Sichtbare hinein wissenschaftlich zu erfassen. Man kann in gewissem Umfang ihre Spuren im Sichtbaren feststellen, nicht aber ihr Wesen und ihren Ursprung erkennen. Diese Unmöglichkeit liegt darin begründet, daß Gott nicht wissenschaftlich, d.h. mit den Mitteln menschlicher Vernunft, erkannt werden kann und ebensowenig eine Einwirkung guter oder böser Mächte, die auf Gottes Geheiß hin oder unter seiner Duldung tätig werden.

Die Bibel weiß, daß wir Menschen in der sichtbaren, gegenständlichen Welt von einer unsichtbaren Welt umgeben sind, die wir mit den Sinnen nicht wahrnehmen können, von der aber spürbare Einwirkungen auf Menschen ausgehen. Des Näheren spricht die Bibel von guten und bösen Mächten in dieser anderen Welt: von Engeln und Dämonen, von Thronen und Herrschaften, von Mächtigen und Gewaltigen, die auf Leib, Seele und Geist von Menschen Einfluß nehmen können und nehmen. Ursache und Urheber dieser Einwirkungen bleiben verborgen. Menschliche Neugier aber sucht gern Verborgenem nachzuspüren. Da das seine Gefahren hat und sich für das ewige Leben schädlich auswirken kann, warnt das Wort Gottes vor dem Umgang mit verborgenen Mächten, da es gottwidrige Mächte sind, die sich auf menschliche Neugier hin melden. Von dieser biblischen Warnung aus pflegt man die Begriffe »okkult« und »Okkultes« auf diejenigen Einwirkungen aus der unsichtbaren Welt zu beschränken, die von gottwidrigen Mächten ausgehen und Menschen nach Leib, Seele, Geist in Gefahr oder in lebensbedrohende Abhängigkeit bringen.

Natürlich wird die Existenz von Mächten einer »anderen Welt« weithin bezweifelt, sogar abgestritten. Im wissenschaftlichen Bereich ist man viel mehr geneigt, die davon ausgelösten Erscheinungen und Auswirkungen rein innerweltlich, insbesondere innermenschlich zu erklären. Weder die eine noch die andere Auffassung läßt sich durch rationale Argumente stützen. Hier ist eine Entscheidung erforderlich, wie man glaubensmäßig zu dem lebendigen Gott der Bibel steht und zu seiner in der Bibel überlieferten Offenbarung. Sie spricht von einem geschichtlichen Prozeß, den Gott begann, lenkt und einem Ende zuführt. In diesem Prozeß ist der Böse eine aktive geschichtsträchtige Figur. Dem entspricht, daß die im folgenden behandelten Formen okkulter Beeinflussung nicht Möglichkeiten, sondern furchtbare und gefahrvolle Realitäten sind. Sie sind mir alle in jahrelanger seelsorgerlicher Erfahrung oft begegnet und genau bekannt.

Nach einer Kennzeichnung der Ausgangslage in der Gegenwart ist es die Aufgabe der beiden ersten Abschnitte des vorliegenden Buches, die Aussagen der Bibel über die »andere Welt«, die sie als das Unsichtbare bezeichnet, zu einer Gesamtschau zusammenzufassen, damit von daher die Warnungen und die Verheißungen der Bibel neu verstanden und Zusammenhänge neu erkannt werden können. Der dritte Abschnitt ist dem Erlösungswerk Jesu von dieser Sicht her gewidmet, und es werden praktische Hilfen angegeben, wie okkulten Einflußmöglichkeiten mit der Macht Jesu begegnet werden kann.

Dem Verlag R. Brockhaus spreche ich für die Übernahme des Manuskripts meinen aufrichtigen Dank aus.

Bischofsheim/Rhön, September 1984 Hans Rohrbach

I. Abschnitt

Die biblische Sicht von der Gesamtwirklichkeit

1. Kapitel: **Die Ausgangslage**

Einbruch des Okkulten

Geister geben Rat und Trost, mahnen und warnen, enthüllen Lebensschicksale und erzählen von der jenseitigen Welt; Ärzte aus dem Jenseits stehen Kranken bei – so beschreibt Dr. Kurt Hutten, ehem. Leiter der Evangelischen Zentralstelle für Weltanschauungsfragen in Stuttgart, die okkulte Explosion der Gegenwart. In seinem Bericht fügt er hinzu: Wenn die Schätzungen zutreffen, nach denen ein Drittel der Menschheit die Sterne befragt oder ihren Einfluß auf das Menschenschicksal für möglich hält, dann hat die Astrologie mehr Anhänger und Mitläufer als jede Weltreligion und jede politische Ideologie. Auf mindestens 10 Millionen wird die Zahl der Amerikaner geschätzt, die sich mit Hexerei, Satanskult und schwarzer Magie beschäftigen. Wachsenden Zulaufs erfreut sich die Wahrsagerei unterschiedlichster Spielarten. Der Spiritismus hat Schwerpunkte in England, Nordamerika und Brasilien. Er hat eine feste Position im öffentlichen Bewußtsein gewonnen, eigene Organisationen und Kirchen ins Leben gerufen, alte Kulte neu belebt und geprägt. Seine Anhängerzahl wird auf über 100 Millionen geschätzt.[1]

Alle diese Okkultbewegungen breiten sich auch in der Bundesrepublik Deutschland mehr und mehr aus. Wie ist dieser Einbruch des Okkulten in die moderne, aufgeklärte Welt zu erklären? Die Voraussetzung dazu war nach Hut-

[1] K. *Hutten,* Überweltpropheten und Diesseitigkeitsapostel, in: E. Bauer (Hrsg.), Psi und Psyche, Stuttgart 1974

ten ein entsprechendes geistiges Klima, ein elementares seelisches Bedürfnis, das zuvor offenbar noch nicht existierte. Erst um die Mitte des 19. Jahrhunderts setzten sich Okkultbewegungen in stärkerem Ausmaß durch. Aber es war nicht vorwitzige Neugier oder Sucht nach Übernatürlichem, sondern ein lebensgefährlicher Verlust an Hoffnung, der das Okkulte so stark emporkommen ließ. Wenn eine große tragende Hoffnung dahinsiecht oder stirbt, so ist das eine innere Katastrophe von unübersehbarem Ausmaß. Denn weder der Mensch noch die Gesellschaft können ohne Hoffnung leben.

Hoffnungslos sind heute viele Menschen, nicht nur in bezug auf die eigene Lage, die durch Krankheit, Leid oder Arbeitslosigkeit gekennzeichnet sein mag, sondern auch in bezug auf die allgemeinen Verhältnisse mit ihren wirtschaftlichen und politischen Schwierigkeiten. Nirgendwo sieht man Lichtblicke, nirgends ist ein Hoffnungsschimmer zu erkennen.

Grundsätzlich hat man zwei Arten von Hoffnung zu unterscheiden, eine horizontale und eine vertikale Hoffnung. Die horizontale richtet sich auf die persönliche Zukunft. Von ihr erwartet man die Verwirklichung menschlicher Wünsche und Sehnsüchte, insbesondere alles, was zum Wohlergehen gehört wie Glück, Erfolg, Gesundheit, Frieden, sicheren Arbeitsplatz, harmonische Ehe- und Familienverhältnisse, innere und äußere Zufriedenheit.

Die vertikale Hoffnung richtet sich auf Gott, auf seine für uns unsichtbare Welt, auf seine Führung und die Erfüllung all seiner Verheißungen in Jesus Christus, vor allem auf das ewige Leben. Diese vertikale Hoffnung war früher weithin tragende Grundlage der horizontalen Hoffnung.

Schwinden von Hoffnung

In beiden Hoffnungen lebte die Christenheit viele Jahrhunderte lang, bis zur Zeit der Aufklärung erst die eine, dann die andere Hoffnung in schwere Krisen gerieten. Die Zerschlagung des alten naiven Weltbildes durch die Naturwissenschaft und die wachsende Kritik an der Bibel durch die wissenschaftliche Theologie ließen das Vertrauen auf Gott und auf sein Wort mehr und mehr schwinden. Der Glaube an den Gott der Bibel und an Jesus Christus als Gottes Sohn und Erretter galt immer stärker als unwissenschaftlich, als rückständig, ja als fortschrittsfeindlich. Immer mehr Menschen waren bereit, den biblischen Glauben und damit die vertikale Hoffnung aufzugeben.

Im gleichen Maße, wie die vertikale Hoffnung dahinschwand, vermehrte sich die horizontale Hoffnung, jedoch in falscher Weise. Sie verwandelte sich nach und nach in ein Vertrauen des autonomen Menschen auf sich selbst und auf das menschlich Machbare. Dieses falsche Vertrauen erstickte weithin die beiden echten Hoffnungen.

Damit war ein Vakuum entstanden, das systematisch zum Einbruch des Okkulten bis hin zur heutigen Hoffnungslosigkeit geführt hat. Aber niemand kann auf die Dauer ohne tragende Hoffnung leben. Grundfragen nach Schicksal und Tod, nach dem Woher und dem Wohin, nach Sinn und Bestimmung des menschlichen Lebens finden keine oder nur dürftige Antworten. In der Gegenwart ist auch die falsche horizontale Hoffnung, das Vertrauen auf das menschlich Machbare und Erreichbare, zusammengebrochen.

Das Schwinden der vertikalen und der Zusammenbruch der horizontalen Hoffnung ließen eine neue vertikale Hoffnung entstehen, weil der Mensch nach Antworten sucht und ohne Hoffnung nicht leben kann. Diese neue vertikale Hoffnung zielt zwar auch auf die unsichtbare Welt. Aber da die Menschheit weithin Gott und das Vertrauen auf sein Wort aufgegeben hat, schweigt Gott auf alle Versuche von Menschen, in das Unsichtbare vorzudringen. Stattdessen antwortet der Widersacher Gottes, der Fürst dieser Welt. Er tut es auf eine verborgene und raffinierte Weise und erzielt eine Ausbreitung von Aberglauben und Okkultismus in einem bisher unbekannten Ausmaß.

Doch diese Hoffnung ist mit allem, was sie bietet, ein trügerischer Ersatz für die echte vertikale Hoffnung, die sich auf den lebendigen Gott und auf Jesus Christus ausrichtet. Sie führt auf einen gefährlichen Irrweg, auch wenn ihn viele Menschen gehen. Sie tun es, weil sie unter der Leere einer nur auf das Diesseits ausgerichteten rationalen Verkündigung leiden, und trachten danach, das Vakuum auszufüllen. Ihre Seelen hungern, ohne daß sie es wissen, nach dem ewigen Leben, nach einer begründeten, tragenden Hoffnung darauf. Man kann nur wünschen, daß Gott ihnen nach seiner Verheißung[2] einen Hunger schickt nach seinem Wort, es zu hören.

So haben wir jetzt neben einer nur noch sehr schwachen horizontalen Hoffnung zwei vertikale Hoffnungen zu unterscheiden. Man nennt sie die transgressive – Grenzen überschreitende – und die transzendierende – das Göttliche anerkennende – Hoffnung. Die transgressive Hoffnung mißachtet die dem Menschen gesetzte Grenze und sucht in das unsichtbare Reich der Finsternis einzudringen. Es werden Geister beschworen, Tote befragt, man holt sich Hilfe und Weisungen von dort und läßt sich die Fähigkeit zu dem allen vom Fürsten der Welt zukommen. Die transzendierende Hoffnung dagegen weiß zwar, daß ihre Wurzel auch im Unsichtbaren liegt, dort aber im Reich des Lichtes, bei Jesus Christus, dem auferstandenen Herrn. Sie weiß auch, daß es ihr nicht gegeben ist, die Grenze zum Unsichtbaren zu überschreiten. Und sie weiß schließlich, daß sie das nicht nötig hat. Denn Gott, der Herr, hat sich ihr vom Unsichtbaren her in das Sichtbare offenbart. In seinem Wort hat sie alles, was sie sich wünscht und was sie braucht. Die transzendierende Hoffnung weiß sich, kurz gesagt, in Jesus und seiner Liebe geborgen und von den Verheißungen Gottes getragen.

[2] Amos 8,11

Anziehungskraft des Okkulten

Es erhebt sich die Frage, was wohl Menschen veranlaßt, sich okkulten Praktiken anzuvertrauen. Ich folge auch hier Ausführungen von Kurt Hutten.[3] Er verweist auf die große Hoffnungslosigkeit und das daraus resultierende Verlangen nach Hilfe. Für Menschen, die unter der quälenden Enge und Dunkelheit ihres Daseins schwer leiden, halten die Okkultbewegungen befreiende Botschaften bereit. Diese sind deshalb befreiend, weil sie Wege anbieten, die über die Grenze der sichtbaren Welt hinausführen in eine Überwelt und damit eine Lebensführung mit neuen, großen Perspektiven erschließen. Diese Überwelt wird zwar von den einzelnen Okkultbewegungen verschieden beschrieben, aber gemeinsam ist ihnen allen das Überschreiten der Grenze zwischen dem Diesseitigen, der sichtbaren Welt, und dem Jenseitigen, der unsichtbaren Welt. Ein solches Überschreiten ist es, worum es einem Okkultisten geht. Deshalb ist die ihn prägende Hoffnung von transgressiver Art. Daß diese Motivation der Okkultbewegungen in der Gegenwart eine so breite Gefolgschaft findet, hat mancherlei Gründe. Einige seien hier genannt.

Ein ganz entscheidender Grund ist das Schwinden der christlichen Ewigkeitshoffnung. Das ließ vor allem das Todesproblem zu einer drückenden Last werden. Denn mit ihm ist ein ganzes Bündel von existentiellen Problemen verknüpft: die dumpfe Angst vor der Ungewißheit des Kommenden, die Selbstanklage über Versäumnisse und Schuld im Leben, die Frage nach der Bedeutung allen Schicksals, nach Sinn und Ziel des Lebens, nach Wegen zur Selbstfindung und Selbstverwirklichung. Alle diese und andere Fragen bleiben offen und werden zur Qual. Sie geistern hintergründig durch die moderne Welt.

Aber die Okkultbewegungen kennen da keine Fehlanzeige. Sie bieten sehr bestimmte und konkrete Antworten

[3] s. Anm. 1

an. Das Sterben ist für sie kein Tabu und auch das, was danach kommt, kein Problem. Sie integrieren die Erdenwelt in ihre Überwelt, das Lebensschicksal in den Stufengang jenseitiger Reifungs- und Vergeistigungsprozesse und helfen mit alledem, den Tod als bloßen Szenenwechsel, als Übergang in eine andere Daseinsform oder Daseinsstufe zu begreifen und anzunehmen.

So liegt ein weiterer Grund in den Verlockungen einer anderen Welt. Wer auf seine bedrängenden Fragen Antworten zu bekommen sucht, findet sie nicht im Bereich einer rein horizontalen Hoffnung. Er muß sich einer vertikalen zuwenden. Das geschah denn auch, vorab in der Jugend. Es begann mit Rebellionen und trotziger Distanzierung von Elternhaus und Wohlstandsgesellschaft, mit bewußtem Rückzug in den Untergrund und in alternative Lebensformen. Und es setzte sich fort mit der Flucht in den erregenden Rausch von Rock- und Beatmusik, von Drogen und Süchten, mit der Hingabe an östliche Weisheitslehren, an Jugendreligionen und -sekten. Die Sehnsucht nach einer heilen Welt wandelte sich in die Sehnsucht nach einer anderen Welt. In deren erträumter Herrlichkeit will man durch Bewußtseinserweiterung, durch Transzendentale Meditation, durch Yoga, durch den Trip oder mittels Ekstase eintauchen. Von hier aus ist es nur ein kleiner Schritt zu den Okkultbewegungen. Diese legen nicht nur ein farbenprächtiges Panorama von der »anderen Welt« vor, sondern zeigen auch Wege, mit dortigen Mächten in Verbindung zu treten.

Ein dritter Grund ist das Problem der Anonymität. Der heutige Mensch wird in der Massengesellschaft von innerer Verkümmerung bedroht. Wo und von wem wird er in der Tiefe seines Wesens angesprochen, ernst genommen und verstanden? Einst ist es der Vater im Himmel gewesen, von dem verkündigt wurde, daß er den Menschen schuf, ihn liebt, sich um ihn kümmert, in seiner Verlorenheit sucht und mit alledem seine Würde bestätigt. Aber der Glaube daran verlor seine Kraft. Wo der Zuspruch des Wortes Gottes nicht mehr gehört wird, bleibt eine Leere, und der

Mensch fühlt sich im Innersten verlassen, einsam und verunsichert.

Okkulte Angebote

Es sind Gründe genug, daß viele Menschen in dieser Lage sich den Lehren der Okkultbewegungen öffnen. Sie bieten einen Ersatz für den verlorenen Gottesglauben. Sie schränken die menschliche Existenz nicht auf die kurze Spanne von 70 bis 80 Jahren ein, sondern dehnen sie aus, stellen sie in weite Horizonte und in ein dichtes Geflecht unsichtbarer Mächte und Ordnungen. Jeder Mensch sei – so sagt man – in sie eingebettet, unverwechselbar durch sie geprägt, unmerklich gelenkt, behütet und getragen. Von dort her winke ihm eine Fülle von Möglichkeiten zur Selbstverwirklichung. Mit all diesen Verlockungen erfährt der Mensch eine gewaltige Aufwertung durch die Botschaften der Okkultbewegungen. Und viele lassen sich dadurch blenden.

Die Botschaften begnügen sich ja nicht, wie die christliche Verkündigung, mit einem *Glauben* an die unsichtbare Welt, sondern nehmen transgressive Forschungen dort vor und stützen sich auf Kundgaben und Erfahrungsberichte von Medien aller Art. Auch die ›Fantasy‹-Produkte in Büchern, Filmen und im Fernsehen wie Krieg der Sterne, E.T., Unendliche Geschichte u.a. spiegeln okkulte Erfahrungen wider und begeistern Millionen von Menschen. Aber alle Gottesvorstellungen der Okkultbewegungen sind falsch, ihre biblischen Interpretationen irreführend. Für die echte vertikale Hoffnung, die im Raum der Christenheit weithin zerstört ist, können okkulte Lehren, auch bei bester Absicht, suchenden Menschen keinen wahren Trost, keine echte Hilfe geben. Ich verweise auf eine besondere Spielart solcher »Forschungen«, die Lehre von einem »Leben nach dem Tode«, wie sie insbesondere von Frau Dr. E. Kübler-Ross und Dr. R. A. Moody betrieben werden. Da werden Menschen, die kurze Zeit klinisch tot waren, reanimiert und nach den Erlebnissen befragt, die ihnen in der »anderen

Welt« widerfahren sind. In großer Übereinstimmung wird von angenehmen, lichtvollen Eindrücken berichtet, oft sogar eine Begegnung mit einer »Lichtgestalt« erwähnt.

R. A. Moody hält diese Lichtgestalt in einem transgressiven Kurzschluß für Jesus und ist verwundert, daß es bei der Begegnung nicht zu einem Erblinden gekommen ist. Daraus konstruiert er im Hinblick auf die Begegnung, die Saulus vor Damaskus mit dem auferstandenen Herrn geschenkt wurde und bei der er erblindete[4], einen Widerspruch, natürlich zu Lasten der Bibel. Die richtige Deutung hätte er von Paulus selbst erhalten können, der davon wußte, daß sich Satan zum »Engel des Lichts« verstellen kann.[5] Niemand anders war die Lichtgestalt, die von den reanimierten klinisch Toten in der anderen Welt gesehen wurde. Denn er, der Vater der Lüge, will darüber hinwegtäuschen, daß es »den Menschen gesetzt ist, einmal zu sterben, danach aber das Gericht«[6].

Wurden bisher okkultistische Erfahrungen jeder Art vorwiegend durch Einzelpersonen (Besprecher, Geistheiler, Zauberer, Wahrsager, Hexer u.a.) oder in geschlossenen Kreisen (spiritistischen Zirkeln, schwarzen Messen) vermittelt, so werden sie jetzt mehr und mehr ans Licht der Öffentlichkeit gebracht. Im Fernsehen werden Astroshows gezeigt, die die Astrologie verherrlichen; aber auch Sendungen über schwarze Magie bis hin zu schwarzen Messen kommen ins Programm. Den bisher größten öffentlichen Einbruch okkulter Mächte und Praktiken bei uns stellte die magische Großveranstaltung im Jugendzentrum der Stadt Kiel dar. Dies war im Februar und März 1984 fast zwei Monate lang das »okkultistische Zentrum« der Bundesrepublik und als solches Treffpunkt für Hexen und Hexer, Astrologen, Magier, Zauberer und Zauberpriester mit öffentlichen Vorträgen über okkulte Praktiken, über Experimente mit dem Übersinnlichen und mit Meditationsveranstaltungen.

[4] Apg. 9,5.9.18

[5] 2.Kor. 11,14

[6] Hebr. 9,27

Alles das sind endzeitliche Erscheinungen, die Jesus uns Christen vorausgesagt hat und die die Gemeinde Jesu nicht zu fürchten braucht. Denn ihr gilt Jesu Wort, daß die Pforten der Hölle sie nicht überwältigen sollen.[7] In diesem Zusammenhang verweise ich auf eine Broschüre von Prof. Dr. P. Beyerhaus, die sein Referat »Die okkulte Welle« auf dem Gemeindetag unter dem Wort 1978 in Stuttgart wiedergibt.[8] Als Antwort auf die Frage, wie Jünger Jesu der okkulten Welle begegnen können, stellt er fünf Leitsätze auf, denen ich mich voll anschließe und die ich nachstehend gern wiedergebe.[9]

1. *Wir dürfen die okkulte Welle in ihren verschiedenartigen Erscheinungen und ihrer satanischen Hintergründigkeit nicht verharmlosen.* Wir haben es mit einer Bewegung zu tun, die sich in ihrer Wucht noch erheblich steigern wird. Wir haben vor ihr auf das ernsteste zu warnen, ohne Scheu davor, uns dabei lächerlich zu machen.

2. *Zugleich gilt es, unseren Blick nicht etwa auf die okkulten Mächte zu richten, sondern vielmehr auf Jesus Christus: Er hat sie bereits entmächtigt*[10] *und wird sie in Bälde ganz unter seine Füße treten*[11]. Das sich Aufbäumen der Mächte ist für den Gläubigen auch ein Grund zur wachsenden Siegeszuversicht: Er erkennt nämlich gerade an der Heftigkeit dieser Angriffe, daß die Zeit der endgültigen Erlösung aus ihrem Banne nahegerückt sein muß[12].

3. *Es gilt, der okkulten Welle größte Wachsamkeit im eigenen geistlichen Leben entgegenzusetzen.* Unser Herz darf nicht zugleich ein Tempel des Heiligen Geistes und eine Be-

[7] Matth. 16,18
[8] *P. Beyerhaus,* Die okkulte Welle, Missionsverlag der Ev.-Luth. Gebetsgemeinschaften, Bielefeld 1979
[9] a.a.O., S. 16ff.
[10] Kol. 2,15
[11] Röm. 16,20
[12] Luk. 21,28

hausung okkulter Geistesmächte sein.[13] Deswegen gilt es einerseits, ständig die innere Gemeinschaft mit unserem wahren Herrn im Gebet und im Hören auf sein heiliges Wort zu pflegen. Andererseits aber gilt es, auch den leisesten, wenn auch nur spielerischen oder experimentellen Kontakt mit okkulter Geistermacht zu vermeiden.

4. *Wer durch eigene oder fremde Schuld in eine okkulte Behaftung geraten ist, suche zur Lösung einen vollmächtigen Seelsorger auf.* Jesus hat seinen Jüngern Vollmacht gegeben, und es gibt noch Diener Christi, die okkult Belasteten vollmächtig helfen können. Es wird dabei immer um die gleichen fünf Grundschritte gehen: Der okkult Belastete muß als erstes seine Schuld erkennen, bereuen und bekennen. Er muß sich zweitens völlig trennen von dem, was ihn okkult belastet. Der dritte Schritt ist die namentliche Absage an den Satan und die besondere dämonische Macht. Der vierte Schritt ist die erneute Übergabe an Jesus Christus und die persönliche Inanspruchnahme seines Sühnopfers am Kreuz. Daraufhin wird fünftens der Seelsorger das Lossagegebet sprechen.

5. *Angesichts der okkulten Welle werden lebendige Christen ihre Berufung noch gewissenhafter wahrnehmen, sich im geistlichen Kampf in das Heer des Lichtes einzureihen.* Standhaft sollen wir jeder Verlockung des Satans widerstehen und dem Herrn die Treue bewahren. Diese Treue bewährt sich aber auch gerade darin, daß wir selbst in jenen Geisterkampf zwischen dem Reich des Lichts und der Finsternis eintreten.[14] Es geht darum, gegen die dämonischen Angriffe des Feindes auf die Gemeinde einen Schutzwall des Gebetes zu errichten.

Im Sinne dieser fünf Leitsätze von P. Beyerhaus ist das vorliegende Buch geschrieben. Unser Herr Jesus Christus möge es dazu segnen, daß es diesen Dienst für die Gemeinde Jesu tun kann.

[13] 1.Kor. 3,16; 2.Kor. 6,14–16; Luk. 11,24–26
[14] Eph. 6,10ff.

2. Kapitel: **Kritische Besinnung**

Grundsätzliches

Im Vorangehenden haben wir uns wie selbstverständlich mit Aussagen und Vorstellungen beschäftigt, die heutigen Menschen weithin unbekannt oder nichtssagend sind. Wir hörten von Gott, dem Herrn, von Jesus Christus, dem Auferstandenen, von dem Widersacher Gottes, dem Teufel, dem Fürsten dieser Welt, von der sichtbaren und von der unsichtbaren Welt, vom Reich des Lichtes und vom Reich der Finsternis, von Okkultismus, Okkultbewegungen und okkulten Praktiken, von einer Überwelt und ihren Mächten. Und von alledem wurde als von Realitäten gesprochen!

Die Schwierigkeit, diese Realitäten anzuerkennen, beruht auf der Tatsache, daß sie verborgen sind und aus dem Verborgenen heraus wirken. Die Bibel weiß von dieser Verborgenheit; sie spricht von einer unsichtbaren Welt, die uns überall nahe ist. Doch wer glaubt schon der Bibel! Es ist, wie viele meinen, Aufgabe der Parapsychologie, diesen Dingen – wenn überhaupt etwas dran sein sollte – mit wissenschaftlicher Akribie und strengstens abgesicherten Methoden nachzugehen. Aber ist sie wirklich dafür zuständig?! Für jeden, der an einer Klärung der Frage interessiert ist, ist eine Entscheidung erforderlich, wem er mehr vertrauen will, dem Zeugnis der Wissenschaft oder dem Zeugnis der Bibel.

Im folgenden habe ich es unternommen, die Bibel nach ihren Aussagen über die Gesamtheit der Wirklichkeit zu befragen, mit der wir Menschen zu tun haben. Bei einem solchen Vorgehen hat man natürlich den geschichtlich gewordenen Sachverhalt zu beachten, der jetzt mit den biblischen Aussagen vorliegt. Es sind da zunächst drei Schichten zu unterscheiden und dann die geeigneten Hilfsmittel zu ihrer Erfassung.

Als erste Schicht haben wir den biblischen Grundbestand, wie er im Zeugnis der Bibel gegeben ist, nach bester Auswertung aller vorhandenen Texte der biblischen Bücher. Darüber lagert als zweite Schicht die dogmatische Durchformung entscheidender Glaubensaussagen, wie sie sich in der Verkündigung der ersten Christengemeinden und in der Formulierung ihrer Glaubensbekenntnisse erweist. Über diesen beiden liegt als dritte Schicht die denkmäßige Durchdringung der beiden unteren Schichten, vor allem die der dogmatischen Formulierung und ihrer inhaltlichen Bedeutung. Die denkmäßige Durchdringung ist die vornehmste Aufgabe theologischer Forschung. Ihre Ergebnisse hängen von zwei Faktoren wesentlich ab, zum einen von der Art des denkerischen Bemühens, zum andern von der inneren Einstellung zu dem Objekt, auf das sich das Bemühen erstreckt: die Bibel.

Eigene Denkvoraussetzungen

Ich persönlich habe hier meine Entscheidung getroffen. Für mich ist die Bibel geoffenbartes Wort Gottes. Sie gilt mir als Zeugnis von seinem Reden, zuerst zu den Propheten, dann durch seinen Sohn. Deshalb halte ich für die denkmäßige Durchdringung dem Worte Gottes gegenüber die Erneuerung der Sinne für unabdingbar, insbesondere die der Vernunft und des Denkens. Das bewirkt der Heilige Geist, der allein in alle Wahrheit führen kann. Dieser Geist ist es auch, der die erste Schicht legte: die Einbindung göttlicher Offenbarung in eine menschliche Sprache. Er ist es, der bei der Entstehung der zweiten Schicht mitwirkte: bei der dogmatischen Formulierung der Glaubensaussagen. Und er ist es, der die dritte Schicht jederzeit mitgestalten will: die denkmäßige Durchdringung, die ohne ihn nicht richtig gelingen kann.

Als Naturwissenschaftler bin ich hinsichtlich theologischer Erkenntnisse auf entsprechende Literatur angewiesen. Für das denkerische Bemühen dagegen bringe ich eine Erfahrung im Denken mit, die von der Forschung exakter Naturwissenschaft im jetzigen Jahrhundert geprägt ist. Sie hat beim Vordringen in das Gebiet der Mikrophysik das

»komplementäre Denken« entwickelt, das nach meiner Erkenntnis für die denkmäßige Durchdringung biblischer und dogmatischer Aussagen dem geisteswissenschaftlichen Denken mit den Normen der diskursiven Logik weit überlegen ist. Das komplementäre Denken orientiert sich a) an dem Sachverhalt der *Komplementarität,* daß jedem physikalischen Vorgang bzw. Phänomen zwei Eigenschaften bzw. Seinsweisen zuzuordnen sind, die sich ergänzen, indem sie sich ausschließen, d.h. diskursiv logisch sich widersprechen, und b) am Sachverhalt der *Nichtobjektivierbarkeit,* daß eine physikalische Aussage nicht objektiviert, d.h. vom Beobachtungszusammenhang, in dem sie gewonnen wurde, nicht abgelöst werden darf. Das führt zu einer *Widerspruchsfreiheit zeitabhängiger* Aussagen, während die diskursive Logik nur *zeitlose Widersprüche* kennt.

Selbstverständlich geht es bei dem Handeln und Reden Gottes aus dem Unsichtbaren in das Sichtbare hinein, abgesehen von den von ihm gewirkten Wundern, nicht um naturwissenschaftliche, sondern um historische Zusammenhänge. Aber die komplementäre Denkweise ist, da unabhängig von der Art des Geschehens, auf geschichtliche Vorgänge übertragbar. Mit dem Begriff der Komplementarität trennen wir uns vom *alternativen Denken* im »entweder-oder«, dem aristotelischen Prinzip vom ausgeschlossenen Dritten, mit dem Begriff der Nichtobjektivierbarkeit von dem *verabsolutierenden Denken,* dem aristotelischen Prinzip des Widerspruchs. Eine dritte bahnbrechende Erkenntnis der Physik ist die Tatsache der *Kontingenz,* daß es Ereignisse im Naturgeschehen gibt, die nicht von Früherem ableitbar sind, und vermutlich alles Geschehen auf kontingente Ereignisse zurückgeführt werden kann. Mit dem Begriff der Kontingenz trennen wir uns vom *determinierenden Denken,* dem aristotelischen Prinzip vom zureichenden Grunde.

Mit diesen grundsätzlichen Ausführungen möchte ich den Rahmen abgesteckt haben, in dem ich persönlich die denkmäßige Durchdringung biblischer und dogmatischer

Aussagen des Glaubens vorzunehmen gedenke. Ich werde dabei nach und nach auf alle Begriffe und Vorstellungen des ersten Kapitels genau zu sprechen kommen.

Weltbild und Gottesbild

In der Bibel wird von Gott und von Jesus, dem Auferstandenen, auch von dem Widersacher Gottes, dem Teufel, gesprochen – als von Realitäten. Dabei erhebt das Zeugnis der Bibel den Anspruch, daß es notwendig, sogar lebensnotwendig sei, sie in ihren Aussagen ernst zu nehmen, in ihren Verheißungen sowohl wie in ihren Warnungen. *Darf man aber heute so noch reden*? Handelt es sich dabei nicht um längst überholte Vorstellungen? Haben nicht historische, naturwissenschaftliche, medizinische, psychologische Forschungen die Angaben der Bibel als zeitbedingt und mythologisch erkannt? Wo soll es in dieser Welt einen Himmel oder eine Hölle geben, wo soll man sich Gott und Jesus, den Auferstandenen, wo Engel, Teufel und Dämonen denken?

Gewiß, das sogenannte »biblische Weltbild«, das sich die Wirklichkeit mit Himmel, Erde und Hölle wie in drei Stockwerke gegliedert dachte, gehört zu den naiven, vorwissenschaftlichen Vorstellungen der Christenheit. Die Geschehnisse, von denen die Bibel berichtet, haben zwar durch die Jahrhunderte hindurch viele bedeutende Künstler zu großen Kunstwerken inspiriert, vor allem in Malerei und Dichtung. Aber auch diese Darstellungen müssen in vielerlei Hinsicht als naiv angesehen werden. Die Bilder Michelangelos in der Sixtinischen Kapelle nehmen zweifellos jeden Beschauer gefangen und geben ein überwältigendes Zeugnis für den Glauben des Künstlers. Sich Gott als Ehrfurcht gebietenden Mann mit wallendem Haupthaar und Vollbart vorzustellen, ist menschlich verständlich, entbehrt aber jeder biblischen Grundlage. Denn es wird uns gesagt[1]: »Niemand hat Gott je gesehen; der eingeborene Sohn, der

[1] Joh. 1,18

in des Vaters Schoß ist, der hat ihn uns verkündigt.« Und dieser Sohn Gottes spricht: »Gott ist Geist, und die ihn anbeten, die müssen ihn im Geist und in der Wahrheit anbeten.«[2]

Jede bildhafte Darstellung Gottes geht an seiner Seinsweise vorbei. Nicht umsonst ist dem ersten Gebot die Weisung gegeben: »Du sollst dir kein Bildnis noch irgendein Gleichnis machen, weder von dem, was oben im Himmel, noch von dem, was unten auf Erden, noch von dem, was im Wasser unter der Erde ist: Bete sie nicht an und diene ihnen nicht«.[3] In der Dreigliederung dieser Weisung scheint sich das naive Weltbild anzudeuten, doch trifft das nicht zu. Man muß die Gliederung tiefer verstehen, was später (Kapitel 5) ausgeführt werden wird. Hier geht es in der Weisung darum, daß Menschen von Mächten – im Himmel, auf der Erde, unter der Erde – wissen und sich in dem Wunsche, sich an Sichtbares und Greifbares zu halten, Bildnisse von ihnen machen und diese Götzenbilder, wie die Bibel sie nennt, anbeten und sich ihnen unterwerfen. Ob gute oder böse Mächte so dargestellt und verehrt werden, Engel, Heilige, Teufel, Dämonen, ist Gott in gleicher Weise ein Greuel. Er schließt sich selbst in dieses Gebot ein; auch von ihm sollen wir uns kein Bild machen, wie etwa aus den Stellen 5. Mose 4,15 oder Jes. 40,18 hervorgeht. Sehr deutlich greift Paulus darauf zurück, wenn er schreibt[4]: »Sie haben verwandelt die Herrlichkeit des unvergänglichen Gottes in ein Bild gleich dem eines vergänglichen Menschen.«

Gott erwartet von uns, daß wir *an ihn als den Unsichtbaren* glauben. Das einzige »Bild«, das uns erlaubt ist, ist – Jesus. Er ist das Ebenbild des unsichtbaren Gottes.[5] An ihn allein sollen wir uns halten, zu ihm allein aufschauen.[6] Jede bildliche oder allegorische Darstellung Gottes entspringt

[2] Joh. 4,24
[3] 2. Mose 20,4.5
[4] Röm. 1,23
[5] Kol. 1,15
[6] Hebr. 12,2

menschlichem Denken und ist damit naiv. Gleiches gilt für Darstellungen des Auferstandenen oder von Engeln. Ihre Seinsweise ist mit menschlichen Mitteln nicht ausdrückbar.

Das Böse und der Teufel

Ebenso sind die mittelalterlichen Darstellungen vom Teufel und von Dämonen als naiv zu bezeichnen. Attribute wie Pferdefuß, Schwanz und Hörner sind Produkte menschlicher Phantasie, die mit der Realität des Teufels nichts zu tun haben. Solcherlei Darstellungen wurden seit der Aufklärung mit Recht als lächerlich empfunden und führten nur dazu, Teufel und Dämonen als Kategorien des Aberglaubens anzusehen, von denen ein aufgeklärter Mensch sich mittels der Vernunft zu lösen habe. Hexenprozesse und andere inquisitorische Maßnahmen taten ein Übriges, die Glaubwürdigkeit biblischer Aussagen in Frage zu stellen. Mit dem Sich-lösen von kirchlicher Lehre und naivem Volksglauben wurden die Mächte des Bösen mehr und mehr verharmlost, im Grunde geleugnet.

Aber das Böse in der Welt blieb und mehrte sich. Es macht sich in der Gegenwart in ungeahnter und erschrekkender Weise bemerkbar. Um es zu erfassen, bedurfte es neuer Kategorien. So versteht man Teufel und Dämonen vielfach nur als Begriffe, als Personifikation des Bösen in der Welt und im Menschen. Damit ordnet man dieses ein in den Bereich von Ethik und Moral, von Philosophie, Weltanschauung oder Ideologie. Die darauf gegründeten Maßstäbe und Normen sind aber für den Großteil der Menschen unverbindlich, und es entsteht ein Leerraum, in den hinein Information und Orientierung gegeben werden sollten. Dazu *werden die richtigen Kategorien noch gesucht.*

So ist es kein Wunder, daß in der Gegenwart die Diskussion um den Teufel und das Böse, um ihr Wesen und ihre Realität erneut aufgegriffen wird, insbesondere von theologischer Seite. Einen Überblick über die hierbei vertretenen Ansichten verschafft die 1974 erfolgte repräsentative Meinungsumfrage bei katholischen und evangelischen Theologen.[7] Ihnen wurden zahlreiche Thesen vorgelegt, zu denen sie sich zustimmend oder ablehnend äußern sollten. Beispiele für solche Thesen sind:

Die traditionelle Teufelslehre der Kirche ist ein Hindernis für den Kampf gegen den Aberglauben.

Der Teufel wird nur deswegen in der Bibel als Person dargestellt, weil die Bibel ganz allgemein die mythische Ausdrucksweise ihrer Zeit übernommen hat.

Der Teufel ist die Personifikation des Bösen in uns und in der Welt, nicht aber ein real existierendes personales Wesen.

Der Mensch ist zu den größten Untaten fähig, ohne daß der Teufel auch nur einen Finger rühren muß.

Leute, die den Teufel für ihre Anfechtungen verantwortlich machen wollen, versuchen, ihren innerseelischen Konflikten auszuweichen.

Wenn wir das Böse als solches ernst nehmen und bekämpfen, ist die Intention der Bibel erfüllt, egal, ob wir an die personale Existenz des Teufels glauben oder nicht.

Von den befragten Theologen haben evangelischerseits die meisten (etwa drei Viertel) allen sechs Thesen zugestimmt, katholischerseits den ersten drei Thesen etwa ein Drittel, den letzten drei Thesen etwa zwei Drittel. So aufschlußreich dieses Ergebnis auch sein mag – von Bedeutung ist in unserem Zusammenhang nur die Naivität, mit der die Thesen formuliert und angenommen wurden. Denn *die Thesen setzen voraus, daß sie gesicherte oder entscheidbare Aussagen machen.* Demgegenüber muß zurückgefragt werden:

Ist der Glaube an die Realität des Teufels wirklich Aberglaube?

Ist die biblische Ausdrucksweise mythisch?

Ist die Frage nach der Personalität des Teufels entscheidbar?

[7] *A. J. Hammers und U. Rosin,* Fragen über den Teufel, in: E. Bauer (Hrsg.), Psi und Psyche, Stuttgart 1974, S. 61–73

Ist die Wurzel menschlicher Untaten letztlich erkennbar?
Sind Anfechtungen nur psychologisch bedingt?
Ist es möglich, das Böse zu bekämpfen ohne das biblische Zeugnis vom Sieg Jesu?

Wer meint, solche Rückfragen seien theologich erledigt, hat Vorentscheidungen getroffen, besonders über das Verständnis der Bibel. Bei Diskussionen um den Teufel und das Böse kommen dann nur menschliche Vorstellungen und Erkenntnisse zum Zuge. Da nicht geprüft wird, ob das für das vorliegende Problem ausreicht, handelt es sich bei den gewonnenen Ergebnissen auch um Naivitäten.

Vom Sein Gottes

Aus zwei entgegengesetzten Richtungen sind wir auf Naivitäten gestoßen. Einmal von der Seite der Bibelgläubigen her, für die am traditionellen Verständnis biblischer Aussagen nichts geändert werden darf. Zum anderen von der Seite der Bibelkritiker her, für die die Bibel mehr oder weniger ein Buch wie jedes andere Buch ist.

Die einen halten an der Stockwerksvorstellung fest, weil sie meinen, damit im Weltbild der Bibel zu leben. Würden sie die Vorstellung aufgeben, so fürchten sie, würden alle biblischen Worte von einem Oben und einem Unten, besonders die von der Höllen- und der Himmelfahrt Jesu, von der Entrückung der Gemeinde und von der Wiederkunft Jesu hinfällig werden. Die anderen halten sich an wissenschaftliche Erkenntnisse und sehen in vielen biblischen Aussagen zeitbedingte Vorstellungen, die neu zu interpretieren sind. Die einen gehen von der Menschwerdung Gottes, von seiner Zuwendung zu den Menschen aus und haben ein nahes, anschauliches, menschliches Gottesbild. Die anderen betonen den Unterschied von Schöpfung und Schöpfer, kommen nach und nach zu einem fernen, abstrakten Gottesbild und können vom sogenannten naturwissenschaftlichen Weltbild her das biblische Zeugnis von einem persönlichen

Gott nicht nachvollziehen, da ein Himmel in dieser Welt nicht existiert. Die einen verstehen mit dem Glauben an einen persönlichen Gott auch den Widersacher Gottes, den Teufel, als Person. Die anderen können, wenn sie Gott nur als innermenschliches Prinzip (das Wie meiner Existenz, das Warum meiner schlechthinnigen Abhängigkeit) oder als zwischenmenschliche Beziehung (Mitmenschlichkeit) verstehen, auch dem Teufel keine personale Existenz zuordnen.

Mit diesen beiden nur angedeuteten Richtungen sind Extreme von Glaubenshaltungen skizziert, die zwar je in sich konsequent sind, aber doch als naiv gelten müssen. Denn sie meinen, über *das Sein oder Nichtsein Gottes könne nach menschlichen Vorstellungen entschieden werden.* Beide Richtungen werden die Worte kennen[8]: »Meine Gedanken sind nicht eure Gedanken, und eure Wege sind nicht meine Wege, spricht der Herr, sondern so viel der Himmel höher ist als die Erde, so sind auch meine Wege höher als eure Wege und meine Gedanken als eure Gedanken.« Aber sie beachten zu wenig oder gar nicht, daß wir damit auf das *große Geheimnis* hingewiesen werden, das über der Person Gottes liegt und *das die Bibel nicht lüftet.* Paulus beugt sich darunter, wenn er schreibt[9]: »Unser Wissen ist Stückwerk, und unser Weissagen ist Stückwerk. Wenn aber kommen wird das Vollkommene, so wird das Stückwerk aufhören. Wir sehen jetzt durch einen Spiegel in einem dunklen Wort, dann aber von Angesicht zu Angesicht. Jetzt erkenne ich stückweise, dann aber werde ich erkennen, wie ich erkannt bin.«

Wenn wir recht vom Sein Gottes reden wollen, müssen wir von allen wissenschaftlichen oder weltanschaulichen, allen philosophischen oder ideologischen Seinsvorstellungen absehen und allein auf die Bibel hören. Sie gibt uns Zeugnisse von Menschen, zu denen Gott geredet hat. Sie stellt zunächst fest[10]: »Wer zu Gott kommen will, der muß

[8] Jes. 55,8.9
[9] 1. Kor. 13,9.10.12
[10] Hebr. 11,6

glauben, daß er sei«, und bezeugt: »Nachdem vorzeiten Gott manchmal und auf mancherlei Weise geredet hat zu den Vätern durch die Propheten, hat er in diesen letzten Tagen zu uns geredet durch den Sohn.«[11] Nach diesem Grundzeugnis der Bibel wissen wir: Gott *ist.* Aber nach eben diesem Grundzeugnis *ist Gott nicht wie wir Menschen oder wie die Dinge sind.* Es ist nicht ohne Bedeutung, daß Gottes Offenbarung im Orient geschah und daß er sich ein Volk des Nahen Ostens ausgesucht hat, das alte Volk Israel, dem er die Offenbarung in seinem Wort schenkte. Dieses Volk hat – sicher auch unter dem Einfluß der ihm gegebenen Offenbarung – ein Denken entwickelt, das vom abendländischen Denken, etwa dem griechischen, grundverschieden ist. Im Orient geht es um ein vorphilosophisches Denken, das die Frage nach dem Sein nicht durchreflektiert hat. Es sieht auch keine Veranlassung, das zu tun. Denn die *Beziehung* ist wichtig, nicht das Sein. Frau und Kinder *hat* man, darauf kommt es an, nicht daß sie *sind.* Wird ein Kind aus der Familie ausgestoßen, etwa weil es einen anderen Glauben angenommen hat, so *ist* dieses Kind nicht mehr, weil die Beziehung zur Familie aufgehört hat. Auch das Selbstzeugnis Gottes im Alten Testament: »Ich bin, der Ich bin«[12] ist keine metaphysische Seinsaussage, sondern setzt eine Beziehung, zeigt die Hinwendung Gottes zu seinem Volk: Mose soll vom Pharao fordern, daß er das Volk frei lasse, und dabei sagen: »Der Ich bin schickt mich.«

Wir pflegen zu fragen, *ob* Gott ist, *wo* er ist, *wie* er ist u.a. Darauf aber antwortet Gott nicht. Er will nicht unser Denken und unsere Logik befriedigen, sondern schafft durch Offenbarung sein Verhältnis zu uns Menschen und setzt damit auch unsere Beziehung zu ihm. *Darum* geht es der Bibel. Sie philosophiert nicht über das Sein Gottes. Sie spricht von seinen großen Taten und zeigt, was die Hinwendung Gottes zum Menschen für diesen bedeutet. Will man

[11] Hebr. 1,1.2
[12] 2.Mose 3,14

einen »Gottesbeweis« versuchen, so müßte er etwa lauten: Gott ist, *weil es Menschen gibt, die ihm vertrauen aufgrund einer Beziehung zu ihm, die durch sein Wort gewirkt wurde.* Demgegenüber gilt: Ein Ding ist, weil jemand die Idee hatte, das Ding zu machen. Im griechischen philosophischen Denken muß die Idee des Dinges da sein, im orientalischen der Mann, der das Ding gebrauchen will. Alle Abstraktionen sind der Bibel fremd. Gott ist keine Idee. Gott ist kein Prinzip. Die Argumente für die heute mancherorts modern gewordene Gott-ist-tot-Theologie beruhen auf einem philosophischen Seinsdenken, das an der Bibel völlig vorbeigeht.

Personalität im Geist

Was über das Sein Gottes ausgeführt wurde, gilt für alle drei Personen der Gottheit, für den Vater, für den Sohn, für den Heiligen Geist. Während wir aber Gott Vater und Gott Sohn ohne Mühe personhaft denken können, fällt es bei Gott, dem Heiligen Geist, im allgemeinen schwer. Inwiefern ist auch er Person?

Um zu einer Antwort zu kommen, bedenke man, ob die Schwierigkeit nicht daher rührt, daß wir uns Gott Vater und Gott Sohn in *falscher* Weise als Person vorstellen, daß wir Erfahrungen und Begriffe unserer Welt auf die Welt Gottes übertragen, ohne zu überlegen, ob das sinnvoll ist. Gott ist nicht, wie wir Menschen sind.

Das ist sogar gegenüber einem Gesicht zu beachten, das dem Propheten Daniel geschenkt wurde. Er berichtet[13]: »Ich sah, wie Throne aufgestellt wurden, und einer, der uralt war, setzte sich. Sein Kleid war weiß wie Schnee und das Haar auf seinem Haupte rein wie Wolle; Feuerflammen waren sein Thron, und dessen Räder loderndes Feuer . . . Ich sah in diesem Gesichte in der Nacht und siehe, es kam einner mit den Wolken des Himmels wie eines Menschen Sohn und gelangte zu dem, der uralt war, und wurde vor

[13] Dan. 7,9.13

ihn gebracht. Der gab ihm Macht, Ehre und Reich.« Hier sieht Daniel prophetisch die Erhöhung Jesu, nach dessen Entrückung ins Unsichtbare, zur Rechten des Vaters voraus. Und Gott offenbart sich in diesem und anderen Gesichten und Worten *so, daß wir ihn, den Unermeßlichen, in unserer Begrenztheit erfassen können.* Wie er wirklich ist, können wir als endliche Wesen nicht erkennen, ebenso wie das eigentliche Wort Gottes für uns unaussprechlich ist.[14]

Wir sollten uns daher, aus biblischer Sicht, von jeder anthropomorphen, uns noch so geläufigen Vorstellung trennen, d.h. von der Vater*figur* und von der Sohns*gestalt* ganz absehen. Stattdessen sollten wir lernen, für Gott den Vater und Gott den Sohn und Gott den Heiligen Geist *einunddasselbe pneumatische Sein* anzunehmen und seine biblische Bedeutung darin zu sehen, daß es *eine Beziehung zum Menschen* setzt. Der Vater, der uns geschaffen hat, der Sohn, der uns erlöst hat, der Heilige Geist, der uns in alle Wahrheit leitet – das ist jeweils die Beziehung, die uns mit dem Glauben gegeben ist, in der wir stehen und an die allein wir uns zu halten haben. *Alle drei Personen der Gottheit sind in gleicher Weise unvorstellbar,* alle drei sind Geist und im Geist und in der Wahrheit anzubeten. Das Personhafte liegt allein in ihrem Wirken: im Wollen, im Reden, im Handeln, in der liebenden, rettenden oder richtenden Zuwendung zu uns Menschen. Nur hierin liegt das Personhafte, nicht in einem wie auch immer gearteten Gestalthaften.

Jeder von ihnen *ist* Person, aber sie können als solche nicht erfaßt, sondern nur verkündigt werden[15] und sind über ihrer Hinwendung zu den Menschen anzubeten. In der Richtung von uns zu ihnen: alle drei gleich unvorstellbar für unser Denken. In der Richtung von ihnen zu uns: alle drei ganz und gar Person in ihrem Wirken. Daß Gott sich in der Menschheit offenbart hat, daß er sich mit Zeichen und Wundern manifestiert hat, besonders durch seine Menschwerdung in Jesus, durch die Auferweckung Jesu vom Tode,

[14] 2.Kor. 12,4 [15] Joh. 1,18

durch die Sendung des Heiligen Geistes – davon redet die Bibel. *Aber das Geheimnis, das dahinter steht, bleibt davon unberührt und wird durch die Aussage des Personseins nicht getroffen* (O. Michel[16]).

In gleicher Weise liegt auch über der Personhaftigkeit des Bösen, des Teufels, *ein Geheimnis, das die Bibel nicht preisgibt.* Auch er ist Geist, Macht und Person und wirkt deshalb personhaft auf den Menschen, weil er sich in konkreten Anläufen so manifestiert. In der Manifestation liegt das Personhafte. Es geht aber nicht an, wie C. G. Jung es formuliert hat, in Parallele zur Trinität Gottes unter Hinzunahme des Teufels von einer »Quaternität« zu sprechen. Denn man darf den gewaltigen Unterschied nicht übersehen, der zwischen Gott und dem Teufel besteht: Satan, der Teufel, der Widersacher, der Drache, die Schlange, wie immer die Bibel den Bösen bezeichnet, ist Kreatur, Geschöpf. Wie O. Michel es beschreibt: Das Satanische steht im Schatten Gottes, ohne selbst Schatten zu sein. Alles kommt auf den Scheidungsprozeß zwischen Gott und Satan an, den das Denken des Menschen vollziehen muß. Eine spannungslose Gotteslehre ist ständig in Gefahr, unbiblisch zu werden. Für den Menschen bedeutet das Satanische, daß er es biblisch zunächst als ein Geschehen im Schatten Gottes kennenlernt, daß er es aber ernstnehmen muß im konkreten Zusammenstoß, in der konkreten Versuchung und Gefährdung einer Situation. Der Zusammenstoß in der Geschichte ist wichtig, nicht nur der Willensakt der Entscheidung.[17]

Weil trotz der personhaften Manifestation des Teufels das Geheimnis, das dahinter steht, von der Bibel nicht gelüftet, höchstens hier und da angedeutet wird, sind alle menschlichen Überlegungen über Existenz bzw. Person des Teufels zum Scheitern verurteilt. Aus diesem Grunde wurde im Abschnitt über »Das Böse und der Teufel« von Naivitäten gesprochen.

[16] *O. Michel und A. Fischer,* Gestaltwandel des Bösen, Theol. Verlag R. Brockhaus, Wuppertal 1975, S. 77

[17] a.a.O., S. 78

3. Kapitel: **Sichtbares und Unsichtbares**

Eine grundsätzliche Klärung

Das vordergründige Stockwerksweltbild von Himmel, Erde und Hölle hatte durchaus den Vorzug, anschaulich zu sein und einsichtige Relationen von »oben« und »unten« zu setzen. Aber es barg den unheilvollen Kern, daß viele Menschen ihren Glauben darauf stützten und ein so vom Sichtbaren abhängiger Glaube mit einer Zerstörung des naiven Weltbildes schwer erschüttert werden konnte. Als es in der Neuzeit dazu kam, begann eine weitgehende Abkehr vom Glauben, die bis in die Gegenwart anhält und sich mehr und mehr ausbreitet. Damit zeigt sich, wie wichtig die Warnung Gottes war, kein Bildnis noch Gleichnis zu machen. Damals wie heute will er sein Volk vor einer Vergötzung natürlicher oder übernatürlicher Kräfte und Mächte bewahren. Zu solchen Mächten ist auch jedes anschauliche Weltbild zu rechnen, weil es von Menschen absolut gesetzt und damit vergötzt werden kann.

Deshalb durfte menschliche Weisheit das naive Weltbild zerschlagen und ein neues, das naturwissenschaftliche Weltbild des 19. Jahrhunderts, aufbauen. Doch auch dieses Weltbild war trotz seiner gewaltigen Dimensionen anschaulich, weil es einseitig war. Es umfaßte nur die sichtbare Wirklichkeit und hatte keinen Raum für den Himmel, für den lebendigen Gott, für Mächte und Gewalten, für übernatürliche Zeichen und Wunder, auch nicht für die Hölle. Deshalb hat Gott dafür gesorgt, daß auch das naturwissenschaftliche Weltbild seine Geltung verlor. Es wurde in diesem Jahrhundert, vielleicht dem letzten der menschlichen Geschichte, von der Naturwissenschaft selbst widerlegt.[18] Die gegenwärtige Sicht bezieht sich zwar auch nur auf das Sichtbare (denn anderes kann wissenschaftlich

[18] Vgl. *H. Rohrbach*, Naturwissenschaft, Weltbild, Glaube, R. Brockhaus Verlag, Wuppertal 1967, 11. Aufl. 1981

nicht erforscht und erkannt werden) und *ist damit ein Naturbild und nicht mehr ein Weltbild.* Es kennt aber seine Grenzen und läßt dem einzelnen, der danach verlangt, den Raum und *die Freiheit, vom Naturbild her sein persönliches Weltbild zu gewinnen,* d.h. eine weltanschauliche oder philosophische oder ideologische oder glaubensmäßige Gesamtschau, die dem wissenschaftlich begründeten Naturbild nicht widerspricht.

Die Einseitigkeit des naturwissenschaftlichen Weltbildes des vergangenen Jahrhunderts, das das naive Weltbild nicht nur ablöste, sondern bewußt ablehnte, hat in diesem Jahrhundert zu der schwerwiegenden Konsequenz geführt, daß auch im Raum der wissenschaftlichen Theologie weithin nur *eine* Wirklichkeit, die sichtbare, gegenständliche Welt, *als allein denkbar angenommen* wird. Das ist im Grunde eine Vergötzung von Wissenschaft und naturwissenschaftlichem Weltbild, die wiederum zur Folge hat, daß in weiten Bereichen der Christenheit an Gott als den persönlichen Gott der Bibel nicht mehr geglaubt und folglich die Realität des Teufels als absurd angesehen wird. Damit sind große Teile der Christenheit in der gegenwärtigen, gewiß schon endzeitlich geprägten Situation von ihren Hirten verlassen und ohne seelsorgerliche Hilfe für eine Orientierung in den Wirren der Zeit.

Im vorangehenden Kapitel war bereits die Rede von den beiden extremen Einstellungen, dem Festhalten am naiven Weltbild als dem vermeintlichen Weltbild der Bibel und dem Festhalten am naturwissenschaftlichen Weltbild als dem vermeintlichen Weltbild der Vernunft. Eine Entscheidung zwischen diesen beiden Einstellungen wird für viele Menschen, ob gläubig oder nicht, dadurch erschwert, daß die Verfasser der biblischen, insbesondere der neutestamentlichen Bücher im naiven Weltbild gelebt und von da her formuliert haben. Man denke etwa an Aussagen im zweiten Artikel des apostolischen Glaubensbekenntnisses und an zahlreiche Bibelstellen, die von einem »Oben« und von einem »Unten« sprechen. Vielen erscheint diese naive

Sicht als die Sicht der Bibel. Wenn man aber weiß, daß die Bibel nicht menschliche Weisheit wiedergibt, sondern in ihr Gott selbst zum Menschen redet, muß man sich einerseits sagen, daß ein angeblich biblisches Weltbild, das durch menschliche Erkenntnis – die Ergebnisse der Naturwissenschaft – widerlegt werden konnte, Gott die Ehre nimmt. Denn er, der Schöpfer, weiß, wie seine Welt aussieht, und offenbart in seinem Wort keine falsche Sicht. Daher kann das naive Weltbild nicht auf göttlicher Offenbarung beruhen. Und man muß andererseits zur Kenntnis nehmen, daß Gott auch das naturwissenschaftliche Weltbild durch die Naturwissenschaft außer Kurs setzen ließ. In beiden Fällen zeigt sich, wie Gott über seinem Wort in 2. Mose 20,4.5 wacht.

Beim Überdenken dieser Zusammenhänge erscheint die Frage berechtigt, ob die glaubende Gemeinde an der Stockwerksvorstellung als dem Weltbild der Bibel festhalten will, weil sie meint, daß mit dessen Preisgabe eine biblische Wahrheit aufgegeben wird. Oder ob sie bereit ist, die Weisung Gottes von 2. Mose 20,4.5 und sein Handeln an den Weltbildern zu beachten und sich von da her sagen zu lassen, daß die Bibel als offenbartes Wort Gottes *die richtige Schau von der Gesamtwirklichkeit in einer tieferliegenden, verborgenen Weise* hat und daß nach Gottes Plan jetzt die Stunde gekommen ist, *sie nach dieser Schau zu befragen und sich dazu auf ein Neues einzustellen.*[19]

Das unbekannte Unsichtbare

Die Bibel bezeugt nicht nur eine, sondern zwei Wirklichkeiten, das Sichtbare und das Unsichtbare.[20] Diese ihre Schau umfaßt die gesamte Wirklichkeit, mit der es der Mensch zu tun hat, die ihn unbedingt angeht, von der er also wissen sollte.

[19] Hos. 10,12

[20] 2. Kor. 4,18; Hebr. 11,3; Kol. 1,15.16

Die sichtbare Wirklichkeit ist die Welt des Menschen, in die hinein er geboren wird, in der er lebt und arbeitet, die er erforscht und sich nutzbar macht, die er verwaltet und zu beherrschen sucht, die er aber auch wieder verlassen muß. Das Unsichtbare als die Welt Gottes ist die Wirklichkeit, in der der Mensch als ein Gedanke Gottes entsteht,[21] von der er abhängig ist, vor der er sich zu bewähren hat und in die er zurückgerufen wird,[22] weil er sich dort für sein Leben im Sichtbaren zu verantworten hat. Es ist daher *eine der ärgsten Täuschungen*, die dem heutigen Menschen von atheistischer oder von wissenschaftlicher Seite zugemutet wird, *daß er es nur mit einer Wirklichkeit, dem Sichtbaren, zu tun habe.*

Sichtbar im Sinne des biblischen Zeugnisses ist alles, was durch menschliches Bemühen erkennbar ist, sei es mit den scharfsinnigsten Überlegungen des menschlichen Verstandes, sei es mit den leistungsfähigsten Instrumenten und Geräten von Naturwissenschaft und Technik, sei es zurück in die tiefste Vergangenheit irdischer und kosmischer Geschichte, sei es, noch bevorstehend, in die Zukunft hinaus, also *alles Raumzeitliche, alles rational Erfaßbare.* Unsichtbar ist demgegenüber alles andersartige Sein, *das Überraumzeitliche, das Transwissenschaftliche,* das nie durch menschliche Bemühungen und Fähigkeiten erkannt worden ist noch je erkannt werden wird.

Vom Unsichtbaren wissen wir nur dadurch, daß dem Menschen von dort her Kunde gegeben wurde, d.h. durch Offenbarung, durch Selbstmitteilung Gottes oder der Mächte und Gewalten aus dem Unsichtbaren in das Sichtbare hinein. Daß das geschah und mehrfach geschehen ist, wissen wir nur durch Bezeugungen von Menschen, denen eine Offenbarung zuteil wurde. Die Bibel nennt solche Menschen Propheten. Ihre Zeugnisse sind uns in der Bibel überliefert. Solche Zeugnisse erfordern Glauben, nicht

[21] Ps. 139,15.16
[22] Ps. 90,3

Glauben im Sinne eines Für-wahr-haltens, sondern Glauben (im Sinne von Hebr. 11,1) als »eine gewisse Zuversicht des, das man hofft, und ein Nichtzweifeln an dem, das man nicht sieht«.

Es ist gut, hier auf die *Reihenfolge in den beiden Kennzeichnungen des Glaubens* zu achten: Als *erstes* wird *die feste Zuversicht* genannt, d.h. das Vertrauen in die Verheißungen Gottes (in das, das man hofft), und erst als *zweites das Nichtzweifeln* an dem Unsichtbaren (an dem, das man nicht sieht). Menschen, die noch nicht glauben oder meinen, nicht glauben zu können, sind meist auf den umgekehrten Weg aus. Sie wollen erst ihre Zweifel behoben haben, erst einen Beweis für die Existenz und Gerechtigkeit Gottes, ehe es ihnen möglich wäre zu glauben. Die Bibel verweist den Suchenden darauf, zuvor den Zuspruch und das Angebot Gottes zu hören und ihm Vertrauen zu schenken, um dann durch seinen Geist die Gewißheit zu empfangen, daß Gott ist und daß er so ist, wie ihn die Bibel bezeugt, ein liebender *und* ein gerechter Gott.

Aber auch der Glaubende muß wissen, daß er – bevor aus seinem Glauben ein Schauen wird – die Offenbarung Gottes nur nach und nach und nie in vollem Umfang erkennt. Manche Worte und Aussagen der Bibel sind dunkel für uns und bleiben es auch.[23] Aber die Erkenntnis wächst unter der Wirkung des Heiligen Geistes.[24] Sie wächst auch mit der geschichtlichen Erfahrung. Denn auch in ihr wirkt Gottes Geist, wie es besonders in der Geschichte des Volkes Israel deutlich wird. Um tiefere Erkenntnis der Offenbarung Gottes dürfen wir uns bemühen. Paulus betete für die Gemeinden, »daß ihr erfüllt werdet mit Erkenntnis seines Willens in aller geistlichen Weisheit und Einsicht« und er ermahnt sie: »wachset in der Erkenntnis Gottes«.[25] Dazu darf auch wissenschaftliche Erkenntnis dienen; denn der Verstand, mit dem wir sie gewinnen, ist eine Gabe Gottes.

[23] 1.Kor. 13,12
[24] Joh. 16,13
[25] Kol. 1,9.11

Jedoch bedarf es beim Durchdenken biblischer Aussagen der Ehrfurcht vor der Offenbarung, die Gott gegeben hat, und *ebenso der Achtung vor den Menschen, denen sie gegeben wurde.* Denn sie waren von Gott dazu erwählt, und er hat sie zu rechten Haushaltern über seine Geheimnisse bestimmt.

Das unanschauliche Ineinander

In dieser Haltung gehe ich an die in der Bibel überlieferten Berichte heran und befrage sie nach ihrer Sicht von der Gesamtwirklichkeit, d.h. nach der Sicht, wie sie von der Offenbarung (nicht von der Menge der Zeugen) vermittelt wird. Als »Gesamtwirklichkeit« verstehe ich dabei die beiden Wirklichkeiten, von denen die Bibel spricht, das Sichtbare und das Unsichtbare in dem vorhin beschriebenen Sinne. Die Bezeichnung »Weltbild« ist unzureichend und irreführend, denn die Sicht der Bibel ist überzeitlich und bleibt von jedem Wechsel wissenschaftlicher und ideologischer Weltbilder unberührt.[26] Vor allem ist ihre Sicht, wie es sein muß, unanschaulich und von einem an die diskursive Logik gewohnten Denken nicht zu erfassen.

Die Beziehung, in der die beiden Wirklichkeiten zueinander stehen, erweist sich, wie im nächsten Kapitel durch charakteristische Beispiele belegt werden soll, als ein eigentümliches *Ineinander.* Es geht weder um ein Übereinander wie bei Stockwerken noch um ein Umeinander wie bei Kern und Schale, sondern um ein Ineinander besonderer Art: um *ein gegenseitiges Sichdurchdringen.* Das Unsichtbare durchdringt das Sichtbare in einer unanschaulichen, dem natürlichen Verstand unbegreifbaren, nur im Glauben erfaßbaren Weise.

Um diese Aussage näher zu präzisieren, knüpfe ich an einen Sachverhalt an, der im Grunde genau so unbegreifbar und unanschaulich ist. Er ist uns aber vertrauter, da er das

[26] Damit distanziere ich mich von einer Redeweise, die ich selbst früher gebraucht habe. Vgl. H. Rohrbach, a.a.O.[18]

Zentrum des christlichen Glaubens umfaßt. Es ist die Aussage im Glaubensbekenntnis von Chalzedon, in dem 451 unsere Väter im *Glauben* von der Bibel her die Lehre von den zwei Naturen Jesu in Worte gefaßt haben. Vom Heiligen Geist geleitet haben sie die paradox klingende, aber zutreffende Formulierung gewagt, daß *in der einen Person Jesus von Nazareth die wahre Menschheit und die wahre Gottheit »unvermischt, unwandelbar, ungeschieden und ungetrennt« vereinigt sind.* Diese Formulierung spiegelt in vollkommener Parallele das Ineinander von Sichtbarem und Unsichtbarem wider.

Ich folge hier gern dem Theologen H.-H. Schrey[27], wenn er sagt, daß ein Dualismus, d.h. ein unverbundenes Nebeneinander von Weltbild und Glauben unzumutbar sei, da »es nicht zu unserem Schicksal gehöre, in zwei Bereichen leben zu müssen, zwischen denen es keine Brücke geben kann«. Weiter meint er, daß wir ebensowenig an die Stelle des Dualismus einen Monismus setzen dürfen, also Weltbild und Glauben zusammenfügen und damit gewaltsam einen Brückenschlag versuchen, weil »solche Syntheseversuche weder der Eigenständigkeit des Denkens noch der des Glaubens gerecht werden«.

Wer noch im alternativen Denken des »entweder-oder« (der diskursiven Logik) befangen ist, wird der Ansicht sein, sich nur zwischen diesen beiden Möglichkeiten eines Dualismus (Auseinanderfallens) von Weltbild und Glauben oder eines Monismus (Zusammenfallens) entscheiden zu können, falls er sich überhaupt entscheiden will. Demgegenüber weist Schrey auf die dritte Möglichkeit hin, auf das in der Physik entwickelte komplementäre Denken, »das allein der Christologie des Credo Chalcedonense mit ihren für die diskursive Logik widerspruchsvollen Aussagen über das Zusammen von Menschheit und Gott hier in der Person Jesu angemessen« sei. Er schreibt: »Die wahre Gottheit

[27] *H. H. Schrey,* Weltbild und Glaube im 20. Jahrhundert, Göttingen 1956, S. 62f.

und die wahre Menschheit können nur dann zusammen ausgesagt werden, wenn keiner von beiden etwas abgebrochen wird. Man kann hier von einer komplementären Einheit der beiden Naturen sprechen. Zum Wesen der Komplementarität gehört, daß erst das Zusammen von zwei scheinbar sich widersprechenden Größen das wahre Bild der Wirklichkeit ergibt. Christus ist dann nicht in seiner wahren Bedeutung umschrieben, wenn von ihm nur ausgesagt wird: wahrer Mensch, Er ist aber auch dann nicht in seiner wahren Bedeutung erfaßt, wenn von ihm nur ausgesagt wird: wahrer Gott. Erst im Zusammen der beiden Aussagen wird die Wahrheit Christi sichtbar.«

Ebenso paradox, also unvermischt und ungetrennt, hat man sich *das Ineinander von Sichtbarem und Unsichtbarem* zu denken (mit einem an der Komplementarität geschulten Denken[28]): zwei unterschiedliche Wirklichkeiten und doch nur eine Gesamtwirklichkeit, beide ganz und gar ohne Bezug (unvermischt) und doch völlig miteinander verwoben (ungetrennt), zu unterscheiden, aber nicht zu scheiden, so daß man von da her das Geheimnis der zwei Naturen Jesu beschreiben darf: Jesus war im Sichtbaren ganz und gar Mensch, im Unsichtbaren ganz und gar Gott – und doch nur Einer. Dieses unbegreifbare Geheimnis in der Person Jesus von Nazareth spiegelt das geheimnisvolle Ineinander der beiden Wirklichkeiten, von denen die Bibel spricht, treffend wider. Es wurde wohl erstmals Petrus offenbart, als er bekennen durfte[29]: »Du bist der Christus Gottes!«

Zwei wichtige Konsequenzen

Aus dem Ineinander von Sichtbarem und Unsichtbarem ergeben sich wichtige Konsequenzen für das Verständnis biblischer Aussagen, von denen ich zwei hervorheben möchte.

[28] Vgl. Kap. 2
[29] Luk. 9,20

a) Zum einen sind für Begriffe und Ereignisse in den verschiedenen Wirklichkeiten *verschiedene Ausdrucksweisen notwendig.* Im Sichtbaren kommen wir mit der menschlichen Sprache aus. Für das Unsichtbare aber haben wir keine angemessene Ausdrucksweise, weil unsere Sprachen dort nicht angreifen. Auch Jesus, der von dort kam, verwendete Gleichnisse, wenn er vom Unsichtbaren sprach: Das Himmelreich ist gleich einem Senfkorn, einem Sauerteig, einem verborgenen Schatz im Acker, einem Kaufmann, der gute Perlen sucht, einem Menschen, der guten Samen säte, u.a. Er gebrauchte Worte des Sichtbaren, um vom Unsichtbaren gleichnishaft reden zu können. Ebenso benutzte er Gleichnisworte, wenn er von sich selbst als dem Sohn Gottes sprach: Ich bin die Tür, der Weg, das lebendige Wasser, das Brot vom Himmel, der gute Hirte u.a.

Man denke auch an ein Erlebnis, das Paulus widerfuhr.[30] Er sei entrückt worden bis in den dritten Himmel, bis ins Paradies (d.h. ins Unsichtbare) und habe dort unaussprechliche Worte gehört, die ein Mensch nicht sagen darf, d.h. Worte, die auszusprechen einem Menschen nicht zusteht! Das ist es: Wo Gott von den himmlischen Heerscharen angebetet wird, wo Jesus als der Auferstandene und Erhöhte ein unvergängliches Reich empfangen hat, wird eine besondere Sprache gesprochen. Deren Worte sind uns hier nicht erlaubt, weil wir Sünder, wenn auch begnadigte Sünder sind. Erst drüben, wenn wir im Kleid der Gerechtigkeit bei Ihm sind, dürfen wir mit solchen Worten einstimmen in den Lobpreis zur Ehre Gottes. Und weil uns im irdischen Leben die angemessenen Worte für das Unsichtbare abgehen, brauchen wir Ersatz. Deshalb gebraucht Jesus Gleichnisworte, Gleichniserzählungen und Gleichnishandlungen.

Allgemein gilt: Um von der unsichtbaren Wirklichkeit im Sichtbaren in rechter Weise reden zu können, bedarf es der bildhaften Denkform und Sprache. Diese begegnen uns in der Bibel in der wahren und eigentlichen Form. Sobald

[30] 2. Kor. 12,2ff.

man aber meint, es gäbe keine andere Wirklichkeit außer der sichtbaren, der Welt des Menschen, wird die bildhafte Rede inhaltslos, werden die großen Taten Gottes zu Fabeln, zu Legenden ohne wirkliche Ereignisse. Beginnt man dann, die Bibel zu »entmythologisieren«, so *nimmt man dem Menschen die Möglichkeit, diese seine Welt richtig zu verstehen.* W. Stählin sagt: »Indem die Wissenschaft uns denjenigen Teil der Welt, der der rationalen Forschung zugänglich ist, als die ganze Wirklichkeit vortäuscht, betrügt sie uns um die ganze Wahrheit. Und indem der Mythos uns in seinen Bildern die Fülle jener Wirklichkeit vor Augen stellt, in die wir selber verflochten sind, weitet er unseren Blick über die Grenzen der ratio hinaus auf die größere und umfassendere Wirklichkeit.«[31] Damit weist auch Stählin auf die Gesamtwirklichkeit aus Sichtbarem und Unsichtbarem hin.

b) Zum anderen hat man zu beachten: *Jedes Geschehen ereignet sich in beiden Wirklichkeiten zugleich.* Weil beide sich durchdringen, läßt jeder Vorgang zwei Aspekte zu. Im Sichtbaren, wo es Materie, Raum und Zeit gibt, erweist er sich als Ablauf in Raum und Zeit, also als ein Werden, ein Sich-entwickeln, als *Evolution.* Im Unsichtbaren aber, wo es Raum und Zeit unserer Erfahrung nicht gibt, weil dort keine Materie ist, sondern Pneuma, hat derselbe Vorgang einen zeitlosen Charakter, ist ein zeitloses Setzen Gottes, ein *Schaffen.* Diese doppelte Sicht ist beim Durchdenken biblischer Berichte entscheidend. Es geht stets um einen Ablauf, um ein Werden in Raum und Zeit, *und zugleich* um ein Gesetztsein, um ein Handeln Gottes, frei von Raum und Zeit. Das gilt besonders für den Schöpfungsbericht, der mit den Worten schließt[32]: »Also sind Himmel und Erde geworden, als sie geschaffen wurden.« Geworden *und* geschaffen – beides trifft zu: beides gilt auch für den Menschen. Es geht nicht um ein »entweder – oder«. Ferner gilt es für die Wun-

[31] *W. Stählin,* Das Bekenntnis der Kirche, Evang. Verlagsanstalt, Berlin 1951

[32] 1. Mose 2,4a

derberichte. Sie beschreiben Abläufe im Naturgeschehen, in Raum und Zeit, und sind zugleich Zeichen für ein Handeln Gottes aus dem Unsichtbaren in das Sichtbare hinein durch sein Wort.

Das Ineinander der beiden Wirklichkeiten bedingt auch, daß jeder Mensch – ob er es weiß und wahrhaben will oder nicht – zugleich im Sichtbaren und im Unsichtbaren lebt. Ein Glaubender wird aus seiner Glaubenserfahrung etwas davon erahnen. Ebenso jemand, der abergläubischen Vorstellungen anhängt oder magischen Praktiken nachgeht oder gar mit Geistern Verbindung aufzunehmen versucht. Auch die wissenschaftlichen Untersuchungen der Parapsychologie stoßen auf Phänomene, die als Auswirkungen des Unsichtbaren verstanden werden können. Wer sich jedoch ganz der ratio verpflichtet fühlt, weiß nur vom Sichtbaren und sieht darin das Ganze der Wirklichkeit. *Erst mit dem befreienden Glauben an Jesus,* erst mit der Erweckung des »inwendigen Menschen« in uns[33] *wird dem Glaubenden das Wissen um die Geborgenheit geschenkt, die er mitten im Sichtbaren vom Unsichtbaren her empfängt.* Er erfährt die Wahrheit der Schriftworte: »Ich gehe oder liege, so bist du um mich ... Von allen Seiten umgibst du mich und hältst deine Hand über mir.«[34] »Wo zwei oder drei versammelt sind in meinem Namen, da bin ich mitten unter ihnen.«[35] »Siehe, ich bin bei euch alle Tage bis an der Welt Ende.«[36] »Wer in mir bleibt und ich in ihm, der bringt viel Frucht.«[37] So lauten Zuspruch und Verheißung Jesu an die Gläubigen. Und es ist immer das uns überall umgebende Unsichtbare, von dem Geborgenheit ausstrahlt und von dem aus Jesus die Zusage erfüllt, daß *er als der Unsichtbare um uns und bei uns oder in uns ist und wir in ihm sind.*

[33] Röm. 7,22; Eph. 3,16
[34] Ps. 139,3.5
[35] Matth. 18,20
[36] Matth. 28,20
[37] Joh. 15,5

4. Kapitel: **Augen, die sehen – Ohren, die hören**

Beispiele aus dem Alten Testament

Das unanschauliche, paradoxe, schwer zu fassende Sichdurchdringen von Sichtbarem und Unsichtbarem, als eigentliche Sicht der Bibel von der Wirklichkeit um uns, soll noch an einigen markanten Beispielen aus dem Alten und dem Neuen Testament belegt werden.

Ich beginne mit dem *Schöpfungsbericht.* Im ersten Vers der Bibel – am Anfang schuf Gott die Himmel und die Erde – ist mit den »Himmeln« gewiß nicht die Welt Gottes, das Unsichtbare, gemeint. Denn dieses ist nicht geschaffen, sondern ewig,[38] wie Gott selbst ewig und nicht geschaffen ist. Der ewige Bestand, der einst dem Sichtbaren, der Welt, zugeschrieben wurde, trifft für das Unsichtbare zu, nicht für die Schöpfung, das Sichtbare. Denn dieses ist zeitlich, d.h. hat Anfang und Ende. Dieser Anfang ist es, auf den der erste Vers hinweist. Mit den »Himmeln« sind wohl die zahllosen Galaxien im Weltall gemeint, deren eine unsere eigene Milchstraße ist. Nur *ihre* Gestirne sind es, die wir von der Erde aus mit dem bloßen Auge erkennen und als den »gestirnten Himmel über uns« (englisch: sky) ansehen. So darf man die anderen Galaxien ebenfalls als geschaffene »Himmel« bezeichnen, die nach Jesu Wort[39] einmal vergehen werden. Selbstverständlich kommt in der Bibel auch das Wort Himmel (englisch: heaven) als Ausdruck für das Unsichtbare vor. Das kann man jeweils dem Zusammenhang entnehmen, z.B. wenn die Bibel vom Himmelreich oder von Himmelfahrt spricht.

Wichtig ist nun, daß wir aus dem biblischen Schöpfungsbericht heraushören: *In die bereits vorhandene Welt Gottes, das Unsichtbare, in dem Gott selbst und auch alle Wesen des Unsichtbaren zu denken sind, setzt Gott durch sein schöpferi-*

[38] 2.Kor. 4,18
[39] Mk. 13,31

sches »Es werde« das Sichtbare hinein, ohne einen Raum dafür auszusparen. Dadurch schafft er das unanschauliche Ineinander von seiner und der Menschen Welt. So kann er verborgen bleiben und doch den Menschen nahe sein.[40] Das Unsichtbare ist zweifellos umfassender als das Sichtbare, denn es heißt: »Der Himmel und aller Himmel Himmel können dich (Gott) nicht fassen.«[41] Man kann sich also dieses in jenes »eingebettet« denken. Aber jeder Versuch, sich das Unanschauliche irgendwie vorzustellen, ist vergeblich. Nur gleichnishaft kann davon gesprochen werden. Das ist im folgenden stets zu beachten.

Zum Schöpfungsbericht gehört auch der *Bericht vom Paradies.* Durch das Einblasen des Odems Gottes erhielt der Mensch das ihm von Gott zugedachte *geistliche Leben,* d.h. die ungetrübte Gemeinschaft mit Gott – in Kapitel 11 komme ich noch einmal darauf zurück – und dadurch *geöffnete Augen und Ohren für das Unsichtbare.* Er sah Gott, hörte ihn, sprach zu ihm, bekam von ihm den Auftrag, den Garten zu bebauen und zu bewahren, d.h. Mitstreiter Gottes gegen den Bösen zu sein. Er lebte mit seinem Weibe frei auf der Erde und in gleicher Weise frei im Unsichtbaren. Sie hatten Zugang zum Baum des Lebens. An allem ließ Gott sie teilhaben. Auch daß dieses kostbare Geschenk der ungetrübten Gemeinschaft mit Gott bedroht und von ihnen zu bewahren war, wußten sie. Dennoch versagten sie. Mit dem Ungehorsam gegen Gottes Gebot ging alles verloren. Die ungetrübte Gemeinschaft, die geöffneten Augen, Ohren und Sinne wurden genommen, der Weg zurück versperrt. *So endete ihr geistliches Leben mit dem geistlichen Tod,* wie es Gott für das Übertreten des Gebots angekündigt hatte. Der Sünde Sold ist Tod.[42] Von da an erfaßten ihre Augen und Ohren nur das Sichtbare, und seitdem haben *alle Menschen nur Erkenntnisfähigkeit für das Sichtbare.* Das Unsichtbare,

[40] Jes. 57,15
[41] 1.Kön. 8,37
[42] Röm. 6,23

in dem sie jederzeit und überall sind, bleibt ihrem natürlichen Wesen und Wollen verschlossen. Wiederherstellung der guten Gemeinschaft mit Gott ist möglich, jedoch nur durch Buße, nur über Jesus und nur im Glauben, nicht im Schauen,[43] aber mit der Verheißung[44]: »Wer überwindet, dem will ich zu essen geben von dem Baum des Lebens, der im Paradiese Gottes ist.«

Gott hat auch nicht aufgehört, zu und mit den Menschen zu reden[45] und uns Weisungen zu geben. Aber nicht jeder hört ihn. Sein Wort ist zugleich nah und fern[46]: »Das Gebot, das ich dir heute gebiete, ist dir nicht zu hoch und nicht zu fern. Es ist nicht im Himmel, das du sagen müßtest: Wer will für uns in den Himmel fahren und es uns holen, daß wir's hören und tun? Es ist auch nicht jenseits des Meeres, daß du sagen müßtest: Wer will für uns über das Meer fahren und es uns holen, daß wir's hören und tun? Denn es ist das Wort ganz nahe bei dir, in deinem Munde und in deinem Herzen, daß du es tust.« Damit bringt die Bibel in ihrer bildhaften Sprache nur zum Ausdruck, daß Gottes Welt, das Unsichtbare, uns bis ins Innerste durchdringt.

In 2. Kön. 6,15ff. wird von dem *Propheten Elisa* berichtet, der mit seinem Diener in der Stadt Dothan eingeschlossen ist. Der Diener bangt um sein Leben, aber Elisa beruhigt ihn mit den Worten: »Fürchte dich nicht, denn derer sind mehr, die bei uns sind, als derer, die bei ihnen sind.« Der Diener jedoch sieht nichts und kann seinem Herrn nicht glauben. Da betet Elisa: »Herr, öffne ihm die Augen, daß er sehe!« Und Gott erhört das Gebet. Er öffnet dem Diener die Augen, und »der sah, und siehe, da war der Berg voll feuriger Rosse und Wagen um Elisa her«. Was war geschehen? Nichts anderes, als daß das Sichtbare für die Augen des Dieners sozusagen »durchsichtig«, transparent wurde. Er schaut mit »geöffneten Augen« durch das Sichtbare in das Unsichtbare hinein und sieht die himmlischen Heerscharen – vom Licht,

[43] 2. Kor. 5,7
[44] Offb. 2,7
[45] Hebr. 1,1
[46] 5. Mose 30,11ff.

das dort herrscht, überstrahlt – als feurige Rosse und Wagen.

In Jes. 6 berichtet der *Prophet Jesaja* von seiner Berufung. Auch ihm werden geöffnete Augen und eine überwältigende Schau in das Unsichtbare geschenkt. Ähnliches widerfuhr dem Propheten *Hesekiel* bei seiner Berufung.[47] Man spürt es ihren Berichten ab, wie unfaßbar das ist, was sie schauen dürfen, und wie sie nur mit unzureichenden Worten und Bildern das Geschaute beschreiben können.

In Dan. 3,19ff. wird geschildert, wie *drei jüdische Männer* auf Befehl des Königs Nebukadnezar *in einen glühenden Ofen* (eine Art Hochofen zum Schmelzen von Eisenerz) geworfen werden, weil sie das goldene Standbild nicht anbeten wollten, das der König hatte errichten lassen. Nebukadnezar überwacht persönlich die Exekution und erschrickt aufs heftigste, als er *vier* Männer frei und unversehrt im Feuer umhergehen sieht. Und der vierte sah aus »wie ein Sohn der Götter«. Hier hat Gott sogar dem Heiden Nebukadnezar geöffnete Augen für das Unsichtbare geschenkt, so daß er schauen mußte, wie Gott die drei auf ihn vertrauenden Männer aus dem Sichtbaren in das Unsichtbare hineingenommen und ihnen einen Engel zur Seite gegeben hat. Als der König Weisung erteilt, die Männer herauszulassen, hat man nicht einmal Brandgeruch an ihnen wahrgenommen. So vollständig waren sie dem Sichtbaren entnommen!

Beispiele aus dem Neuen Testament

In Luk. 2,8ff. wird von der *Verkündigung der Geburt Jesu* an die Hirten berichtet, die des Nachts ihre Herden hüten. »Und siehe, des Herrn Engel trat zu ihnen, und die Klarheit des Herrn umleuchtete sie, und sie fürchteten sich sehr.« Mit seinem hellen Glanz bricht das Unsichtbare in das Sichtbare ein, und des Herrn Engel tritt aus dem Unsicht-

[47] Hes. 1 u. 2

baren zu den Hirten. Ihm folgen viele weitere Engel: »Und alsbald war da bei dem Engel die Menge der himmlischen Heerscharen.« Hier geschieht, daß die Hirten mit ihren natürlichen Augen die Engel sehen, die als Boten Gottes aus dem Unsichtbaren zu ihnen in das Sichtbare treten. Ebenso erging es Maria, als der Engel Gabriel zu ihr in ihr Zimmer trat,[48] um ihr die Geburt ihres Sohnes Jesus anzukündigen.

In Luk. 9,28ff. wird die *Verklärung Jesu* geschildert. Drei seiner Jünger erleben, wie Jesu Gesichtsausdruck, während er betet, sich verändert und seine Kleidung weiß und glänzend wird. Sie sehen, wie zwei Männer, Mose und Elia, in gleicher Weise verklärt erscheinen und mit Jesus reden. Auch hier dringt überirdisches Licht aus dem Unsichtbaren ins Sichtbare und überstrahlt Jesus. Mose und Elia treten als Boten Gottes aus dem Unsichtbaren in das Sichtbare, ebenfalls überstrahlt von dem »unerschaffenen Lichte«. Die Begleiter Jesu dürfen das alles schauen! Es kann sich auch umgekehrt ereignet haben, daß Jesus zu Mose und Elia in das Unsichtbare gewissermaßen »eintauchte«, von dessen Licht überstrahlt wurde, und die Jünger mit geöffneten Augen ihm nachschauen durften. Ganz verwirrt – er wußte nicht, was er redete – schlägt Petrus vor, dazubleiben und Hütten zu errichten. Da aber überschattet sie eine Wolke, aus der Gott, der Vater, zu ihnen redet und sie an den Sohn verweist, und »sie sahen niemand als Jesus allein«. Einen Blick auf die Herrlichkeit des Unsichtbaren durften sie tun, aber sie festzuhalten, war ihnen nicht gewährt.

Manchmal als Parallele dazu verstanden, wird in Joh. 12,28ff. von einer Weisung Gottes an Jesus berichtet, sogar vor vielen Zuhörern. Jesus betet: »Vater, verherrliche deinen Namen!« Als die Stimme vom Himmel es zusagt, heißt es: »Da sprach das Volk, das dabei stand und zuhörte: Es donnerte. Die anderen sprachen: Es redete ein Engel mit ihm.« Hier geht es nicht um geöffnete Augen, sondern um geöffnete Ohren, und, was besonders zu beachten ist, um unter-

[48] Luk. 1,28

schiedlich geöffnete Ohren! Das Volk, das dabei stand, hörte nur ein starkes Geräusch und legte es als Donner aus. Andere, offenbar mit den Jüngern solche, die an Jesus glaubten, hörten so viel, daß sie meinten, ein Engel habe geredet. Jesus allein hat den Vorgang voll wahrgenommen, die Stimme des Vaters und den Inhalt der Botschaft.

Auch der Bericht über die *Steinigung des Stephanus*[49] liefert ein eindrucksvolles Beispiel für das Ineinander der beiden Wirklichkeiten. Im Bezeugen sieht er, vom Heiligen Geist erfüllt, »den Himmel offen und des Menschen Sohn zur Rechten Gottes stehen«. Ganz nahe vor sich erblickt er Jesus, der sich erhoben hat, um ihm, dem ersten Märtyrer der Christenheit, entgegenzugehen und ihn heimzuholen in das ewige Leben. Geöffnete Augen für das Unsichtbare und Erfüllung der Zusage Jesu[50]: »Vater, ich will, daß, wo ich bin, auch die bei mir seien, die du mir gegeben hast.« Für Stephanus hat sich damit diese Verheißung Jesu erfüllt.

Sichtbarmachungen besonderer Art

Geöffnete Augen für das Unsichtbare oder das Heraustreten von Boten Gottes aus dem Unsichtbaren in das Sichtbare, was mit natürlichen Augen wahrgenommen werden kann, wie bei der Ankündigung der Geburt Jesu an Maria oder vor den Hirten, sind zwei grundverschiedene Gaben Gottes, durch die er Menschen etwas vom Unsichtbaren erfahren läßt. Immer geht es dabei um Wesen des Lichts, die im Unsichtbaren einen völlig andersartigen (pneumatischen, d.h. geistlichen) Leib haben als bei ihrem Erscheinen im Sichtbaren. Von diesem Sichöffnen des Unsichtbaren, wie es sich beim Erscheinen von Engeln oder anderen Boten Gottes ereignet, komme ich jetzt zu dem wichtigsten Geschehen dieser Art, zu den *Erscheinungen des Auferstandenen.* Seine Andersartigkeit wird besonders deutlich an der

[49] Apg. 7,54ff.
[50] Joh. 17,24

Art, wie er nach seiner Auferstehung den Frauen und den Jüngern und später vor Damaskus dem Saulus erschien. Diesem wird Jesus ganz kurz im Glanz seines Herrlichkeitsleibes sichtbar, den er im Unsichtbaren hat: »Und als er (Saulus) nahe an Damaskus kam, umleuchtete ihn plötzlich ein Licht vom Himmel.«[51] Als Paulus einige Jahre später davon berichtet, sagt er: »Es umleuchtete mich plötzlich um den Mittag ein großes Licht vom Himmel.«[52] »Mitten am Tage sah ich auf dem Wege ein Licht vom Himmel, heller als der Sonne Glanz, das mich und die mit mir reisten, umleuchtete.«[53] Die Folge dieser gewaltigen Lichtfülle war, daß Saulus zu Boden stürzte und blind wurde; erst nach drei Tagen des Gebets wurde er durch Ananias davon geheilt.[54] Gott schauen durfte er nicht. Wer Gott sieht, muß sterben.

Die Begleiter des Saulus sahen niemand[55]; einige sahen ein Licht, andere hörten eine Stimme, einige fielen nieder, andere standen erstarrt.[56] So unterschiedlich war die Offenbarung aus dem Unsichtbaren bei diesem Ereignis, ähnlich unterschiedlich wie bei der Offenbarung, die Joh. 12,27ff. geschildert wird. Nur Saulus empfing die Fülle der Offenbarung an Erscheinung, Worten und Berufung. Die Begleiter konnten das Geschehen nur eingeschränkt wahrnehmen.

Den biblischen Berichten ist zu entnehmen, daß Jesus den Frauen und Jüngern in anderer Weise als Auferstandener erschien, nicht mit dem für Menschen unertragbaren Herrlichkeitsleib (mit dem er z.B. als der Unsichtbare gegenwärtig ist, wo zwei oder drei in seinem Namen versammelt sind), sondern mit einem Leib aus Fleisch und Bein, d.h. aus Materie. Er weist selbst seine Jünger darauf hin, als sie bei seinem Erscheinen aufs heftigste erschrecken und meinen, einen Geist zu sehen.[57] »Fühlet mich an und sehet, denn ein Geist hat nicht Fleisch und Bein, wie ihr sehet, daß ich habe.« Wäre Jesus ihnen in seinem Auferstehungsleib

[51] Apg. 9,3
[52] Apg. 22,6
[53] Apg. 26,13
[54] Apg. 9,8ff.
[55] Apg. 9,7
[56] Apg. 9,7; 22,9; 26,14
[57] Luk. 24,39

erschienen (dem Herrlichkeitsleib, den Saulus ganz kurz erlebte), so wären sie wie dieser erblindet und zu nichts fähig gewesen – es sei denn, Jesus hätte ihnen jemand gesandt wie Ananias, der sie in seinem Auftrag geheilt hätte. Nie hätten sie seine sichtbare Gegenwart ertragen, nie hätte er ihnen die Schriften auslegen können. Darauf aber kam es Jesus an. *Jetzt erst*, in den vierzig Tagen zwischen Auferstehung und Himmelfahrt Jesu, als er den Jüngern die Schriften öffnete, *lernten sie verstehen, was sie früher nicht verstanden hatten.* Jetzt erst ging ihnen auf, was es um Jesus von Nazareth und sein Kommen gewesen war, was seine Leiden und sein Sterben am Kreuz bedeuteten. Jetzt erst erhielten sie die eigentliche Zurüstung für ihren Dienst an Menschen und Völkern, zu denen Jesus sie senden wollte. Deshalb war es notwendig, daß er ihnen in einer Weise erschien, daß sie seine Gottheit ertragen und intensiv mit ihm zusammen sein konnten.

Bei solchen Erscheinungen, wie auch bei denen von Engeln oder anderen Boten Gottes an die Menschen, geht es um *Sichtbarmachungen im eigentlichen Sinne des Wortes.* In 1. Kor. 15,5–8 bezeugt Paulus, daß der Auferstandene von vielen gesehen worden ist. Im griechischen Grundtext steht für »gesehen« das Wort *oophthä*; das bedeutet wörtlich übersetzt: er wurde sichtbar gemacht. Und damit wird ausgesagt: Er erhielt einen Leib des Sichtbaren. Der unsichtbare geistliche Leib des Auferstandenen wird in sichtbare und fühlbare Materie, in Fleisch und Bein verwandelt – entsprechend zur Verwandlung der Leiber derer, die bei der Wiederkunft Jesu noch leben und im Nu einen geistlichen, verklärten und unverweslichen Leib »anziehen« werden.[58] So wurde – nur in umgekehrter Richtung – Jesu geistlicher Herrlichkeitsleib in einen aus Fleisch und Bein verwandelt. Das geschah bei jedem Erscheinen neu und in anderer Gestalt, wie es in Mark. 16,12 bezeugt wird: »Danach offenbarte er sich unter einer anderen Gestalt zweien von ihnen un-

[58] 1. Kor. 15,51ff.

terwegs, da sie über Land gingen.« Dies bezieht sich auf die Jünger, die nach Emmaus gingen und dem Auferstandenen begegneten,[59] ohne ihn zu erkennen, und von deren Begegnung abschließend berichtet wird: »Da wurden ihre Augen geöffnet, und sie erkannten ihn. Und er verschwand vor ihnen.«[60] Wohin? Zurück in das Unsichtbare, aus dem er zuvor gekommen war. Ebenso zeigt das unterschiedliche Verhalten Jesu gegenüber Maria Magdalena, die ihn nicht anrühren durfte, und gegenüber dem Zweifler Thomas, dem zuliebe er mit den Wundmalen erschien, damit sie betastet werden konnten, und gegenüber den Jüngern am See Tiberias, die nicht zu fragen wagten, wer er sei (obwohl sie es wußten), alles dies zeigt, daß seine Erscheinungsweise als Auferstandener immer wieder anders war. Unser Gott ist ein reicher Gott und unbegreiflich seine Werke. Er hat unzählige Möglichkeiten der Sichtbarmachung.[61]

Himmelfahrt und Wiederkunft

Die Himmelfahrt Jesu ist über viele Jahrhunderte hinweg, in unmittelbarer Anlehnung an das naive Weltbild der frühen Christenheit, als ein Auffahren durch den Weltraum verstanden und geglaubt worden. Mit dem Wegfall des Weltbilds war dieser Glaube für viele Christen nicht mehr vollziehbar. Wie anders aber ist der Vorgang zu verstehen, wenn man bereit ist, die eigentliche Wirklichkeitsschau der Bibel, das Ineinander von Sichtbarem und Unsichtbarem, zugrundezulegen. Dann erkennt man, daß die Himmelfahrt Jesu wie die des Elia biblisch als eine *Entrückung in das Unsichtbare* verstanden werden darf. Der Unterschied der Entrückung Jesu gegenüber den Entrückungen, von denen die Bibel sonst berichtet – der des Henoch,[62] der des Elia[63] und der noch bevorstehenden Entrückung der Brautgemeinde[64] liegt nur darin, *daß Jesus dabei der Handelnde ist.* Die ande-

[59] Luk. 24,15ff.
[60] Luk. 24,31
[61] 1.Kor. 15,38ff.
[62] 1.Mose 3,24
[63] 2.Kön. 2,11
[64] 1.Thess. 4,17

ren Entrückungen geschehen an den Betroffenen ohne deren Zutun, während Jesus seine Entrückung – wie alles auf seinem irdischen Lebens- und Leidensweg – nicht nur erleidet, sondern bestimmend gestaltet. Denn er *geht*, wie es der Grundtext ausdrückt, in das Unsichtbare hinüber.[65]

Viele Male war Jesus in den Tagen zuvor seinen Jüngern erschienen, aus dem Unsichtbaren in das Sichtbare kommend und dabei – anders als bei seiner Zeugung und Geburt, aber ebenso durch ein Wunder des allmächtigen Gottes – eine »Fleischwerdung« erfahrend und vollziehend. Im Unsichtbaren geht er als der Unsichtbare in den Raum, in dem die Jünger zusammen sind (das Unsichtbare durchdringt diesen Raum, so daß verschlossene Türen für Jesus kein Hindernis sind), wird unter ihnen plötzlich sichtbar, so daß sie sehr erschrecken, spricht mit ihnen und verschwindet ebenso plötzlich, wieder zurück in das Unsichtbare gehend. Um nun die Jünger wissen zu lassen, daß die Periode solchen Erscheinens abgeschlossen und damit seine Ankündigung aus den Abschiedsreden erfüllt wird,[66] läßt Jesus sie Zeugen seiner Entrückung werden. Von dieser heißt es im griechischen Grundtext: »Dieser Jesus, der von von euch aufgenommen ist in den Himmel, wird so kommen, wie ihr ihn habt in den Himmel gehen sehen.«[67] Das hier benutzte griechische Wort *poreuomai* für »gehen« meint ein Gehen zu einem Ziel. Dieses Ziel ist aus der Prophetie des Alten Testaments bekannt. In Dan. 7,13–14 heißt es: »Siehe, es kam einer mit den Wolken des Himmels wie eines Menschen Sohn und gelangte zu dem, der uralt war, und wurde vor ihn gebracht. Der gab ihm Macht, Ehre und Reich, daß ihm alle Völker dienen sollten . . .« Hier hat Daniel prophetisch vorausgesehen, was die Wolke den Jüngern verbarg[68]: den Weg Jesu im Unsichtbaren zum Thron des Vaters und seine Erhöhung zur Rechten des Vaters.

[65] Apg. 1,11 (poreumenon eis ton ouranon)
[66] Joh. 16,7
[67] Apg. 1,11
[68] Apg. 1,9

Wenn *Jesus wiederkommen wird zum Gericht,* so daß »ihn sehen werden alle Augen und alle, die ihn durchbohrt haben«,[69] und »sich beugen aller derer Knie, die im Himmel und auf Erden und unter der Erde sind, und alle Zungen bekennen, daß Jesus Christus der Herr sei, zur Ehre Gottes des Vaters«[70]; dann wird das Sichtbare transparent werden für *alle* Menschen, *aller* Augen werden geöffnet werden und werden hineinschauen müssen in das Unsichtbare, und sie werden Jesus sehen in seiner Herrlichkeit und vor ihm niederfallen und ihn bekennen als den einen, der Herr ist über alle und alles. Dann wird das Sichtbare vergehen, und nur das Unsichtbare wird sein – wie es einst war vor Erschaffung der Welt. Und die zu Jesus gehören, werden ihn sehen, wie er wirklich ist, und werden ewig bei ihm sein im Unsichtbaren, das dann nicht mehr unsichtbar, sondern ihre Heimat ist.

Der Tag des Gerichts kann sich, biblisch gesehen, auch in anderer Weise verwirklichen. Nach Offb. 20,11ff. steht der weiße Thron, von dem aus Jesus sein Urteil sprechen wird, im Unsichtbaren, und nicht kommt er auf die Erde, sondern die Menschheit (Tote und Lebende) wird zu ihm hin versammelt. Das Sichtbare, Himmel und Erde, ist bereits vor ihm »geflohen«. Im übrigen bleibt richtig, was im Vorangehenden ausgeführt wurde.

Allen Ausführungen dieses Kapitels muß als wesentliche Ergänzung der Hinweis angefügt werden, daß bei den als Beispielen gewählten biblischen Berichten jeweils nur der *eine* Aspekt des Sichdurchdringens von Sichtbarem und Unsichtbarem herausgestellt wurde. Selbstvertändlich *hat dieser Aspekt gegenüber der inhaltlichen Bedeutung der Berichte völlig zurückzutreten.* Er stellt nur den Hintergrund des Geschehens dar. Bei der Auslegung und Verkündigung steht die inhaltliche Bedeutung des Bibeltextes als das Eigentliche im Vordergrund.

[69] Offb. 1,7

[70] Phil. 2,10–11

5. Kapitel: **Gliederung des Unsichtbaren**

Gottes Wirklichkeit und Wirken

Bisher war vom Unsichtbaren nur als Ganzem die Rede, als Gegensatz zum Sichtbaren, und vor allem von der biblischen Schau des Ineinanders, des gegenseitigen Sichdurchdringens beider Wirklichkeiten. Es lag mir daran aufzuzeigen, daß es bei dem Unsichtbaren nicht um eine mythische oder gar mythologische Redeweise geht, sondern um eine entscheidende Realität, von der nur nicht anders als bildhaft (mythisch im Sinne von W. Stählin) gesprochen werden kann. Im Grunde kann nicht ernst genug betont werden, daß das Unsichtbare *die wahre, die* eigentliche Realität ist, von der das Sichtbare (und damit auch der Mensch) erst Existenz und Struktur erhalten hat: »Durch Glauben erkennen wir, daß die Welten durch Gottes Wort gestaltet sind, damit das Sichtbare nicht aus Wahrnehmbarem hervorgegangen sei.«[71] Zu beachten aber ist, daß Gott, der Schöpfer, nicht mit dem Unsichtbaren in eins gesetzt werden darf. Die Bibel unterscheidet sehr genau *das* Unsichtbare und *den* Unsichtbaren.

Auch wenn ich gleichbedeutend für das Unsichtbare die Worte *unsichtbare Wirklichkeit, Gottes Welt, Gottes Wirklichkeit* benutzt habe, geht es mir mit alledem stets um *den geistlichen Raum, in dem Gott lebt,* der Ewige und Allmächtige. Die Tatsache, daß das Unsichtbare das Sichtbare überall durchdringt, bezeugt zwar Gottes Allgegenwart, besagt aber nicht, daß Gott und das Unsichtbare übereinstimmen. Und wenn sich das Unsichtbare für Menschen im Sichtbaren öffnet, so erweist sich dabei Gottes Macht und Herrlichkeit in mannigfacher Weise; aber er selbst bleibt ungesehen und unzugänglich. So muß es sein, denn Gott »wohnt in einem Lichte, da niemand zukommen kann«.[72]

[71] Hebr. 11,3
[72] 1.Tim. 6,16

Gottes Sein und Wirken ist im Grunde unvorstellbar und unbegreiflich. Und doch hat er sich Menschen kundgetan, und Menschen, vom Heiligen Geist getrieben, haben die großen Taten Gottes verkündet. Davon spricht die Bibel, und sie allein ist die Grundlage für ein angemessenes Reden von Gott. Daß dennoch Mißverständnisse entstehen können, liegt an der menschlichen Unzulänglichkeit. Es sei daher noch einmal hervorgehoben: Wenn ich von Gottes Wirklichkeit spreche, so meine ich damit nicht Gottes Sein und Wirken, sondern nur die Wirklichkeit, in der er lebt. Und in allem, was ich ausführe, bemühe ich mich um eine Auslegung biblischer Aussagen, die vor meinem Herrn Jesus Christus bestehen kann. Da ich mich dabei sicher nicht in allem verständlich genug ausdrücke, bitte ich für jedes Mißverständnis um Vergebung.

In diesem Sinne wage ich jetzt, von einer Gliederung des Unsichtbaren zu reden und die wenigen strukturellen Angaben, die die Bibel vom Unsichtbaren macht, zu einer Schau zusammenzufassen. Das kann nur mit großer Behutsamkeit geschehen und nur in groben Umrissen. Und bei der ganzen Darlegung muß beachtet werden, daß *die angegebene Gliederung nur ein Abbild, nur ein Modell* darstellt, *nicht die Wirklichkeit des Unsichtbaren selbst.* Denn dieses ist und bleibt für uns unanschaulich. Die Bibel gibt uns aber Hinweise, die wir aufgreifen dürfen. Doch ist, was ich hier ausführe, meine persönliche, theologisch nicht abgesicherte Deutung biblischer Aussagen, wie auch die Beispiele im vorangehenden Kapitel grundsätzlich auf eigener Auslegung beruhen.

Himmel und Hölle

In Matth. 4,1–11 wird von der Versuchung Jesu berichtet. Der Geist (Gottes) führt ihn in die Wüste, auf daß er vom Teufel versucht würde. Das tut der Versucher mit viel List und Geschick. Doch vor der Hoheit Jesu kann er nicht bestehen und gibt sein Vorhaben auf. Zum Abschluß heißt es:

»Da verließ ihn der Teufel. Und siehe, da traten die Engel zu ihm und dienten ihm.« Dieser Bericht zeigt, daß der Teufel wie auch die Engel aus dem Unsichtbaren in das Sichtbare treten und dorthin zurückgehen. *Den Widersacher Gottes und die Boten Gottes birgt das Unsichtbare in gleicher Weise.*

Weiter entnehmen wir der alten Form vom apostolischen Glaubensbekenntnis die Aussagen, Jesus sei »niedergefahren zur Hölle« und »aufgefahren gen Himmel«. Das Bekenntnis unterscheidet also, mit biblischer Begründung, die beiden Bereiche »Himmel« und »Hölle«. Dabei hat man aber zu beachten, daß die Bezeichnung »Hölle« aufgrund einer nicht richtigen Übersetzung im Luthertext der Bibel in das Glaubensbekenntnis hineingekommen ist. Die neue Fassung des Bekenntnisses, die von der römisch-katholischen und der evangelischen Kirche gemeinsam erarbeitet und angenommen ist, sagt richtiger: »hinabgestiegen in das Reich des Todes« und »aufgefahren in den Himmel«. Es ist im Hebräischen (Altes Testament) zwischen *Scheol* (Totenreich) und *Gehenna* (Hölle), im Griechischen (Neues Testament) zwischen *Hades* (Totenreich) und *Gehenna* (Hölle) zu unterscheiden. Luther hat im allgemeinen beides mit »Hölle« wiedergegeben. Wie aber die Sprachen zeigen, weiß die Bibel von beiden Bezirken, vom Totenreich und von der Hölle. Beide gehören zum Unsichtbaren, da sie sich der wissenschaftlichen Forschung entziehen.

Um die mit manchem Mißverständnis belasteten Worte Himmel und Hölle zu vermeiden, wähle ich stattdessen die Bezeichnungen »Reich des Lichts« und »Reich der Finsternis«. Dabei verstehe ich »Licht« und »Finsternis« ohne nähere Erklärung im Sinne des Wortes Jesu[73]: »Ich bin das Licht der Welt. Wer mir nachfolgt, wird nicht wandeln in der Finsternis, sondern wird das Licht des Lebens haben.« Mit dieser Unterscheidung in »Reich des Lichts« und »Reich der Finsternis« ist eine erste Gliederung des Unsichtbaren gegeben, und man sieht, daß die Beispiele des vorangehen-

[73] Joh. 8,12

den Kapitels nur von Wechselwirkungen zwischen dem Sichtbaren und dem Reich des Lichts im Unsichtbaren berichten. Erst im Bericht von der Versuchung Jesu kommen beide Bezirke des Unsichtbaren zur Geltung.

Deutlicher tritt das hervor in der Erzählung Jesu vom *reichen Mann und armen Lazarus.*[74] Die Seele des Armen wurde nach seinem Tod von Engeln in »Abrahams Schoß« (zum Reich des Lichts gehörend) getragen. Der Reiche kam, als er starb, an den Ort der Qual, in das Totenreich (zum Reich der Finsternis gehörend); der Grundtext hat das Wort Hades (Totenreich). Entscheidend ist die große Kluft zwischen beiden Bezirken, über die keiner hinüber kann. Beider Männer Seelen können sich sehen, können empfinden und miteinander reden, aber ein Zueinander ist nicht möglich. Mit dieser Erzählung, die kein Gleichnis sein soll, sondern Verkündigungs- und Offenbarungscharakter hat, läßt uns Jesus einen Blick in die »andere Welt« tun, d.h. er offenbart uns etwas über ein »Leben nach dem Tod«. Wir erfahren, daß das menschliche Leben mit dem Tode nicht aufhört, sondern in anderer Form und an anderem Ort weitergeht, ferner, daß der andere Ort davon abhängt, ob wir bei Lebzeiten auf »Mose und die Propheten«, für uns Heutige also auf Jesus und sein Wort, gehört haben oder nicht, im Zusammenhang dieses Textes besonders ob wir darauf gehört haben, was er über unser Verhalten zu den Mitmenschen unter der Verantwortung vor Gott sagt.[75]

Dreigliederung im Reich des Lichts

Sodann gibt die Bibel für das Reich des Lichts eine weitere Gliederung an. In Hebr. 8,5 heißt es: »Sie, die Priester im Tempel, dienen nur dem Abbild und Schatten des Himmlischen; wie Gottes Stimme zu Mose sprach, als er die Stiftshütte vollenden sollte: Schaue zu, sprach er, daß du ma-

[74] Luk. 16,19ff.
[75] Matth. 25,40.45

chest alles nach dem Bilde, das dir auf dem Berge gezeigt ist.« Als Gott auf dem Berge Horeb mit Mose redete, ihm die Gebote und die Anordnungen für das Volk Israel kundtat, hat er besonders auch geboten, wie die Stiftshütte und die Geräte für den priesterlichen Dienst gestaltet werden sollten.[76] Die Stiftshütte begleitete das Volk auf der Wanderung zum verheißenen Land und diente später als Modell für den Tempel. Diese Weisung Gottes an Mose, ein »Abbild des Himmlischen« herzustellen, widerspricht nicht dem Gebot in 2. Mose 20,4, da dieses Gebot nur dem Menschen verwehrt, sich nach eigenem Entwurf ein Abbild oder Gleichnis des Himmlischen zu machen. Wenn Gott ein Abbild des Himmlischen als Modell vorgibt oder Jesus in Gleichnissen vom Himmelreich spricht, so handelt es sich um offenbarte Wahrheit im Gegensatz zu Spekulationen, die Menschen sich aufgrund eigener Gedanken und Vorstellungen machen.

Aus der Art, wie Mose die Stiftshütte ausführen ließ, kann man mit Behutsamkeit rückschließen auf eine *Gliederung im Reiche des Lichts.* Die Stiftshütte hatte drei Bezirke: den äußeren Vorhof mit dem Brandopferaltar für das Volk, sodann die eigentliche Stiftshütte, die unterteilt war in das Heiligtum, in dem die Priester dienten, und das Allerheiligste mit der Bundeslade, das nur der Hohepriester betreten durfte, und zwar nur einmal im Jahr, am großen Versöhnungstag.[77] Dementsprechend darf man eine dieser Aufteilung in Vorhof, Heiligtum und Allerheiligstes analoge Gliederung für das Reich des Lichts annehmen. Doch geht es dabei nur um eine *Gliederung der Funktion nach, nicht nach Form, Größe, Aussehen* usw. Über solche Einzelheiten denke ich nicht nach. Darüber ist uns nichts gesagt, und das liefe dem Gebot in 2. Mose 20,4 zuwider.

Die von der Stiftshütte als Abbild des Himmlischen nahegelegte Gliederung im Reiche des Lichts möchte ich da-

[76] 2. Mose 25,9.40; 26,30; 27,8; Apg. 7,44
[77] Hebr. 9,2–7

hin verstehen, daß dem Vorhof das Paradies, auch Abrahams Schoß genannt, entspricht. Dorthin bringen Engel die Seelen derjenigen Sterbenden, die Jesus als die Seinen anerkennt, z.B. die Seele des armen Lazarus,[78] und die Seele des bußfertigen Schächers neben dem Gekreuzigten, dem Jesus verheißt: »Heute wirst du mit mir im Paradies sein.«[79] Dem Heiligtum, so meine ich, entspricht das himmlische Jerusalem,[80] dem Allerheiligsten die Stätte des Thrones Gottes, zu der niemand Zugang hat außer Jesus, unserem ewigen Hohenpriester. Dort ist er zur Rechten des Vaters erhöht und dient am Heiligtum, d.h. tritt ständig vor dem Vater für uns ein.[81]

Dreigliederung im Reich der Finsternis

Vom Reich der Finsternis wissen wir bereits, daß Hölle und Totenreich dort zu denken sind. Denn die Bibel bestätigt diese Bezirke als Teil des Unsichtbaren, und da Hölle und Totenreich nicht Licht noch Leben sind, können sie nicht zum Reich des Lichts gehören. Dem entspricht es auch, daß Satan als Nachahmer Gottes (so hat Luther ihn genannt) für das Reich der Finsternis, soweit es ihm zugelassen wird, nachmacht, was Gott für das Reich des Lichts als Ordnung festgesetzt hat. Letzten Endes erfüllt er aber damit nur Gottes Willen, wie er in allem Gottes Werkzeug ist. So dürfen wir vermuten, daß das Totenreich als Vorhof und die Hölle als Unheiliges zum Reich der Finsternis gehören und daß auch ein Allerunheiligstes da sein wird, vielleicht der Abgrund oder der feurige Pfuhl. Darüber wollen wir nicht weiter nachdenken; wir sollen nicht die »Tiefen des Satans« erforschen wollen.[82]

Ich erwähne die *Gliederung des Reiches der Finsternis* nur,

[78] Luk. 16,22
[79] Luk. 23,43
[80] Offb. 21
[81] Hebr. 8,1.2; Röm. 8,34
[82] Offb. 2,24

um auf den Unterschied von Totenreich und Hölle hinzuweisen. Der reiche Mann kam ins Totenreich (griechischer Grundtext: *hades*), das bereits ein Ort der Qual und der Flammen ist, d.h. der Gewissensbisse über selbstsüchtiges irdisches Leben. Mit diesem reichen Mann werden die Seelen aller *der* Sterbenden ins Totenreich kommen, die Jesus nicht als die Seinen anerkennt.[83] Es wird auch eintreten, daß Gott die Seele eines Sterbenden bis in die Hölle verstößt. Auch davon spricht Jesus.[84] An diesen Stellen hat der griechische Grundtext das Wort *gehenna.*

Im übrigen dürfen wir Satan nicht die Ehre antun, ihn etwa als Herrn im Reich der Finsternis zu denken. Herr ist allein der Dreieinige Gott. Er ist Herr über alles Sichtbare und Unsichtbare, entsprechend dem Worte Jesu.[85] Satan ist bestenfalls als Verwalter anzusehen und in jedem Fall an Gottes Weisung gebunden.[86] Insbesondere kann Satan niemand in die Hölle verstoßen. Dieses Urteil steht allein Jesus zu, dem Gott das Gericht übergeben hat.[87] Das zeigt auch ein Wort Jesu an seine Freunde: »Fürchtet euch nicht vor denen, die den Leib töten und danach nichts mehr tun können ... Fürchtet euch aber vor dem, der, nachdem er getötet hat, auch Macht hat, zu werfen in die Hölle.«[88] Es ist Gott, der die Menschen sterben läßt[89], und er ist es, der dem Gestorbenen durch Jesus den Platz im Unsichtbaren zuweist. Denn Jesus, dem der Vater alle Gewalt und das Gericht übergeben hat, hat die Schlüsselgewalt auch über das Totenreich,[90] den Vorhof zum Reich der Finsternis, und damit zu diesem Reich als Ganzem. Er ist es, »der auftut, und niemand schließt zu, der zuschließt, und niemand tut auf«.[91]

[83] Matth. 7,21ff.
[84] Mk. 9,43ff.; Luk. 12,5
[85] Matth. 28,18
[86] Hiob 1,12; 2,6
[87] Joh. 5,22
[88] Luk. 12,4.5
[89] Ps. 90,3
[90] Offb. 1,18
[91] Offb. 3,7

Das biblische Oben und Unten

Zur Gliederung des Unsichtbaren gehört auch eine Angabe, wo in dem uns überall umgebenden Unsichtbaren das Licht und wo die Finsternis gedacht werden darf, genauer: wo die »Grenze« zwischen beiden Reichen, die große Kluft liegt, von der Jesus spricht.[92] Ich will auch dazu einige Hinweise der Bibel auslegen, betone aber, daß es nicht um einer Anschaulichkeit willen geschieht (die gar nicht möglich ist), sondern um deutlich zu machen, *daß biblische Ausdrucksweisen auch dann als zuverlässig erkannt werden können, wenn man sie nur vordergründig versteht* und als naiv oder falsch hinstellt. Was offenbart ist, ist wahr. Daran haben wir uns zu halten. In meiner Sicht, die ich gleich biblisch begründen werde, gehört das Reich der Finsternis zu dem Teil des Unsichtbaren, der die Erdkugel durchdringt, wobei die niedere Schicht der Erdatmosphäre noch dazu gehört. Darüber – von einem beliebigen Punkt der Erdoberfläche aus gesehen – dürfen wir uns in allen Richtungen von der Erde weg das Reich des Lichtes denken, ohne daß wir die Lage der Grenze zwischen beiden Reichen kennzeichnen können. *In dieser Sicht bleibt das biblische »oben« und »unten« in neuem Verständnis voll erhalten.*

Diese beiden Begriffe haben relativen Charakter, gelten für uns als Bewohner der Erde und lassen sich von der Erde aus leicht definieren. Die Richtung nach *unten* ist die mit der Erdanziehungskraft gleich laufende Richtung, die nach *oben* ist die dazu entgegengesetzte Richtung. Diese Definition ist unabhängig von der Drehung der Erde und ihrer Bewegung im Weltall, als Planet im Sonnensystem am Rande der Milchstraße. Überall von der Erde weg ist »oben«, überall in sie hinein ist »unten«. Denkt man sich diese Definition vom Sichtbaren auf das Unsichtbare übertragen, so macht sie keine Aussage mehr für das uns umgebende Weltall, sondern eine mit Begriffen des Sichtbaren gleichnishaft for-

[92] Luk. 16,26

mulierte Aussage für das Unsichtbare, das Weltall und Erde durchdringt. Von da her ergibt sich ein neues Verständnis für manche als naiv geltende Redeweise der Bibel.

Ich gebe dazu *einige Beispiele*, die zugleich die von mir gegebene Sicht begründen sollen. Da sind zunächst die Bibelstellen, die von Jesu Aufenthalt im Totenreich sprechen. In Matth. 12,39–40 antwortet Jesus auf die Zeichenforderung der Schriftgelehrten und Pharisäer: »Das böse und abtrünnige Geschlecht sucht ein Zeichen; und es wird ihm kein Zeichen gegeben werden denn das Zeichen des Propheten Jona. Denn gleichwie Jona drei Tage und drei Nächte in des Fisches Bauch war, so wird des Menschen Sohn drei Tage und drei Nächte im Schoß der Erde sein.« Damit hat Jesus nicht ein Liegen im Grabe gemeint. Man hat Jesu Angabe auf seinen Aufenthalt im Totenreich zu beziehen. Das besagt auch Eph. 4,9: »Daß er aber aufgefahren ist, was ist das anderes, als daß er auch hinuntergefahren ist in die untersten Örter der Erde.« Ebenso 1. Petr. 3,19–20: »In demselben (Geist) ist er auch hingegangen und hat gepredigt den Geistern im Gefängnis, die vorzeiten nicht glaubten, da Gott harrte und Geduld hatte zu den Zeiten Noahs, da man die Arche zurüstete.« Wenn hier vom »Schoß der Erde« und von den »untersten Örtern der Erde« gesprochen wird, so ist dabei nicht an die physische Erdkugel gedacht. Es wird vom Unsichtbaren geredet, von Orten in *dem* Teil des Unsichtbaren, der die Erdkugel durchdringt, vor allem vom Totenreich als Teil des Reiches der Finsternis; ebenso bei dem »Gefängnis«, in dem die Seelen der in der Sintflut Umgekommenen von Jesus aufgesucht werden. Nach dem Tod am Kreuz war Jesus in allen »Schichten« des Totenreichs und hat sich dort als der Herr erwiesen, über den der Tod keine Macht hat.[93]

Daß auch die untere Erdatmosphäre noch zum Reich der Finsternis gehört, ist mehrfach angedeutet. In Dan. 10,13.20 wird von »Engelfürsten« des Perserreichs und Griechen-

[93] Röm. 6,9; 2. Tim. 1,10

lands berichtet, die dem Engel widerstanden, der Daniel das ihm offenbarte Gesicht deuten sollte. Aber Engelfürsten über Länder der Erde, die Boten Gottes bekämpfen, können nur dem »Fürsten der Welt« unterstehen, den die Bibel auch als einen »Mächtigen, der in der Luft herrscht«,[94] kennzeichnet. Sie sind als gefallene Engel anzusehen, die mit Satan von Gott abgefallen sind. Auch der Sturz Satans auf die Erde[95] und sein Wandern über die Erde[96] machen deutlich, daß einiges vom Luftbereich über der Erde dem Reich der Finsternis zugehört – *nicht die physische Luft oder Atmosphäre, sondern der diese durchdringende Teil des Unsichtbaren*!

[94] Eph. 2,2
[95] Hes. 28,16; Luk. 10,18; Offb. 12,9
[96] Hiob 1,7; 2,2

II. Abschnitt

Bedrohung durch Mächte des Unsichtbaren

6. Kapitel: **Das Aas und die Geier**

Die Menschheit im Bann der Finsternis

Wenn es vom biblischen Befund her zutrifft, daß das Unsichtbare das Sichtbare überall durchdringt, und wenn weiter in diesem Ineinander das Reich der Finsternis unsere Erde und ihren Luftraum erfüllt, so bedeutet das nichts anderes, als daß die Menschheit – trotz aller natürlichen und künstlichen Lichtquellen – *im Machtbereich der Finsternis* lebt. Sie weiß es nur nicht oder will nichts davon wissen. Jesus aber kam als Licht der Welt in unsere Finsternis, um uns davon zu erlösen. Das bezeugen vor allem die Verheißungen auf das Kommen des Erlösers, die uns zur Advents- und Weihnachtszeit in Erinnerung gerufen werden.

Da heißt es: »Sie werden unter sich die Erde anblicken und nichts finden als Trübsal und Finsternis; denn sie sind im Dunkel der Angst und gehen irre im Finstern. Doch es wird nicht dunkel bleiben über denen, die in Angst sind.«[1] »Das Volk, das im Finstern wandelt, sieht ein großes Licht, und über denen, die da wohnen im finstern Lande, da scheint es hell.«[2] »Ich, der Herr, habe dich gerufen ... und mache dich zum Bund für das Volk, zum Licht der Heiden, daß du die Augen der Blinden öffnen sollst und die Gefangenen aus dem Gefängnis führen und, die da sitzen in der Finsternis, aus dem Kerker.«[3] »Denn, siehe, Finsternis bedeckt das Erdreich und Dunkel die Völker; aber über dir geht auf der Herr, und seine Herrlichkeit erscheint über

[1] Jes. 8,22.23
[2] Jes. 9,1
[3] Jes. 42,6.7

dir.«[4] Was im Alten Testament verheißen ist, wird im Neuen Testament bestätigt bzw. als erfüllt verkündet. »Und das Licht scheint in der Finsternis, und die Finsternis hat's nicht ergriffen.«[5] »Das aber ist das Gericht, daß das Licht in die Welt gekommen ist, und die Menschen liebten die Finsternis mehr als das Licht, denn ihre Werke waren böse.«[6] Und Jesus spricht: »Ich bin das Licht der Welt. Wer mir nachfolgt, wird nicht wandeln in der Finsternis, sondern wird das Licht des Lebens haben.«[7] »Es ist das Licht noch eine kleine Weile bei euch. Wandelt, solange ihr das Licht habt, damit euch die Finsternis nicht überfalle. Wer in der Finsternis wandelt, der weiß nicht, wo er hingeht. Glaubet an das Licht, solange ihr's habt, auf daß ihr des Lichtes Kinder werdet.«[8] »Ich bin gekommen in die Welt als ein Licht, damit, wer an mich glaubt, nicht in der Finsternis bleibe.«[9]

Paulus erhält den Auftrag, »aufzutun ihre Augen, daß sie sich bekehren von der Finsternis zum Licht und von der Gewalt des Satans zu Gott, um zu empfangen Vergebung der Sünden«.[10] Er kritisiert den gesetzesstrengen Juden: »Du willst dich vermessen, ein Leiter zu sein der Blinden, ein Licht derer, die in der Finsternis sind?«[11] und warnt die Gläubigen: »Wir haben nicht mit Fleisch und Blut zu kämpfen, sondern mit Mächtigen und Gewaltigen, nämlich mit den Herren der Welt, die in dieser Finsternis herrschen, mit den bösen Geistern unter dem Himmel.«[12] Er bezeugt aber auch den Sieg Jesu und dankt dafür dem Vater, »der uns errettet hat von der Macht der Finsternis und hat uns versetzt in das Reich seines lieben Sohnes«.[13] Und Johannes bezeugt: »Die Finsternis vergeht, und das wahre Licht scheint jetzt.« Er warnt uns zugleich: »Wer seinen Bruder hasset, der ist in der Finsternis und wandelt in der Finsternis und weiß nicht,

[4] Jes. 60,2
[5] Joh. 1,5
[6] Joh. 3,19
[7] Joh. 8,12
[8] Joh. 12,35.36
[9] Joh. 12,46
[10] Apg. 26,18
[11] Röm. 2,19
[12] Eph. 6,12
[13] Kol. 1,13

wo er hingeht; denn die Finsternis hat seine Augen verblendet.«[14]

Diese Stellen, die keineswegs von *geistiger* Finsternis reden, d.h. von mangelhaftem Bildungsstand oder fehlender Aufklärung, machen noch einmal deutlich, wie unanschaulich das Ineinander von Sichtbarem und Unsichtbarem ist. Nicht nur, daß sich diese beiden Wirklichkeiten in paradoxer Weise (ungetrennt und unvermischt) durchdringen, auch im Unsichtbaren für sich ist das *Übergangsfeld von der Finsternis zum Licht ein merkwürdiges Ineinander.* Wer an Jesus glaubt, ist versetzt aus dem Reich der Finsternis in das Reich des Sohnes, ins Licht, wie Kol. 1,13 bezeugt. Er bleibt aber auf der Erde, ist also noch überall von Finsternis umgeben. Er ist wie ein Licht im Dunkeln, wie Jesus als Licht in die Finsternis gekommen ist. Er ist nicht herausgenommen aus der Finsternis über der Erde, weil er ein »Licht der Welt« sein soll. Er ist nicht mehr *von* der Welt, wie Jesus nicht von der Welt war und ist, wird aber *in* der Welt belassen, sogar in die Welt gesandt.[15] Der Glaubende soll das Licht von Gottes Liebe, Frieden und Freude, das er hat und ist, in sich leuchten lassen und wie mit einem Spiegel die Herrlichkeit Gottes im Dunkel der Welt widerspiegeln, auf daß andere davon erreicht werden können.

Und dennoch bleibt es richtig, daß das Licht keine Gemeinschaft mit der Finsternis hat.[16] Auf dieser Grundsituation des an Jesus Glaubenden, daß er aus der Macht der Finsternis errettet und zum Licht geworden ist, aber sich von einem Meer von Finsternis umgeben wissen muß, beruhen alle Anfechtungen. Deshalb haben wir zu kämpfen, nicht mit Fleisch und Blut, und zu laufen mit Geduld in dem Kampf, der uns verordnet ist, aber zugleich aufzusehen auf Jesus, den Anfänger und Vollender des Glaubens.[17] Nicht aus eigener, nur mit seiner Kraft können wir den Kampf bestehen. Deshalb auch hat Jesus die Gemeinde geschaffen,

[14] 1.Joh. 2,8.11
[15] Joh. 17,15ff.
[16] 2.Kor. 6,14
[17] Hebr. 12,1.2

daß wir Gemeinschaft haben mit Brüdern und Schwestern und seelsorgerliche Hilfe finden bei Ältesten, die in seiner Vollmacht stehen.

Das Vordringen der Finsternis

Die Tatsache, daß die Erde im Machtbereich der Finsternis liegt, hat überall auf der Erde zur Folge, daß die Mächte der Finsternis sich vordrängen. Sie wissen, sie haben nur noch wenig Zeit.[18] Die Mächte des Lichts halten sich dagegen zurück. Sie können, ja, sie *sollen* warten, bis Jesus in Macht und Herrlichkeit erscheint und mit dem Hauch seines Mundes umbringt und mit Feuer verzehrt, was an Widersachern aufgestanden ist. Diese Aktivität des Feindes und das Sichzurückhalten der Engel hat Jesus bereits im Gleichnis vom Unkraut unter dem Weizen vorausgesagt.[19]

Die Lage der Gemeinde Jesu jetzt kann mit Jesu Gefangennahme in Gethsemane verglichen werden. Damals sagte Jesus zu Petrus, der ihn mit seinem Schwert verteidigen wollte: »Meinst du, daß ich nicht könnte meinen Vater bitten, daß er mir zuschickte alsbald mehr als zwölf Legionen Engel?« – und zu seinen Häschern: »Dies ist eure Stunde und die Macht der Finsternis.«[20] In der Endzeit geht es um die Gefangennahme der Gemeinde als Leib Jesu. Denn vom Antichristen wird vorausgesagt: »Ihm ward gegeben, zu streiten wider die Heiligen und sie zu überwinden.«[21] Wir sollen uns nicht aus Eigenem wehren, sondern wachen und beten, daß wir in Jesus bleiben, und mit Paulus wünschen, daß Christus hoch gepriesen werde an unserem Leibe, es sei durch Leben oder durch Tod.[22] Ein Zeichen dafür, wie weit die Mächte der Finsternis ihre bedrohlichen Positionen unter der Menschheit bereits bezogen haben, ist die immer mehr um sich greifende, aus der früheren Heimlichkeit herausgetretene Bewegung des *aktiven Okkultismus:* der zah-

[18] Offb. 12,12
[19] Matth. 13,30
[20] Luk. 22,53
[21] Offb. 13,7
[22] Phil. 1,20

lenmäßig ungeheuer angewachsenen Menge der Wahrsager und Zauberer, der Astrologen und Spiritisten, auch derer, die sich als Geistheiler, Magier, Hexer und Hexen, ja sogar als Satanspriester betätigen und ihre Dienste und Hilfen anbieten. »Die okkulte Explosion ist ausgebrochen«, schrieb vor einigen Jahren ein amerikanisches Magazin. Und daraufhin hat K. Hutten in seinem erschütternden Bericht einige Tatbestände darüber zusammengestellt, in welchem Ausmaß okkulte Praktiken angeboten und in Anspruch genommen werden und internationale Vereinigungen, Institute, Kongresse sich damit befassen. In Kapitel 1 habe ich, unter Benutzung der Ausführungen von Hutten, ausführlich darüber berichtet.[23] Der Leser möge noch einmal darauf zurückgreifen.

Und die Gemeinde Jesu

Als Gemeinde Jesu müssen wir die Tatsachen, wie sie in dem Bericht von K. Hutten aufgezählt werden, nüchtern zur Kenntnis nehmen. Der Okkultismus als eine Bewegung, die Angebot und Nachfrage von Hilfeleistungen aus einer »anderen Welt« regelt, ist zu einer internationalen Großmacht geworden, wie es schon 1962 einer ihrer Vertreter formulierte. Auf der anderen Seite weiß die Gemeinde Jesu, daß dieser Weg zur »Hilfe aus einer anderen Welt« *ein Irrweg* ist, *der als Ersatz für den rechten Weg* – weil der Glaube an den lebendigen Gott verloren ging – *gesucht und gegangen wird.* Während die meisten Menschen, die sich dem Irrweg verschreiben, meinen, auf diesem Weg zu Gott zu finden, weiß die Gemeinde, daß diese »andere Welt« weithin unter der Herrschaft der Finsternis steht. Denn das Sichvordrängen der Mächte, die sich anbieten und Hilfe versprechen, sei es direkt, sei es über Menschen und Organisationen, ist ein charakteristisches Kennzeichen für den, der da »hat einen großen Zorn und weiß, daß er wenig Zeit

[23] s. Kap. 1, Anm. 1

hat«.[18] Um aber im Einzelfall zu erkennen, ob und wie weit wirklich Finsternismächte am Werke sind, bedarf es der Gabe, die Geister zu unterscheiden.

Die Gemeinde Jesu darf weiter wissen, daß auch die explosive okkulte Entwicklung *am Plan Gottes mit der Menschheit nichts ändern oder gar hindern kann,* ja, daß sie im Grunde in diesen Plan einbeschlossen ist.[24] Er hat den Mächten der Finsternis ihre Stunde gegeben, zugleich aber auch »ihnen Zeit und Stunde bestimmt, wie lange ein jedes leben sollte«.[25] Er läßt das Böse, das der Feind gesät hat, ausreifen bis zur Ernte, dem Ende der Welt. Dann wird »des Menschen Sohn seine Engel senden, und sie werden sammeln aus seinem Reich alle, die Ärgernis geben und die da Unrecht tun, und werden sie in den Feuerofen werfen«.[26]

Was zur Zeit an Schandbarem, Greuelvollem und Gotteslästerlichem auf der Erde vorgeht, fällt unter das Wort Jesu vom endzeitlichen Geschehen: »Wo das Aas ist, da sammeln sich die Geier.«[27] Aber er hat auch verheißen: »Wenn diese Tage nicht verkürzt würden, so würde kein Mensch selig; aber um der Auserwählten willen werden die Tage verkürzt.«[28]

Als Glieder der Gemeinde Jesu dürfen wir festhalten: So erschreckend auch die weltweite Verbreitung und die immer unverhüllter hervortretenden Manifestationen der Finsternis für viele sein mögen – die okkulte Explosion, der sittliche Abstieg, die politischen und wirtschaftlichen Spannungen, der Terrorismus, die Rohstoffvergeudung, die Umweltverschmutzung und manches andere –, die an Jesus Glaubenden und auf ihn Vertrauenden brauchen sich dadurch in keiner Weise beeindrucken zu lassen. Denn das hieße, Satan Ehre zu geben! Wir brauchen keine Angst zu haben vor dem, was kommen mag, weil es sich um besiegte

[24] Röm. 11,32
[25] Dan. 7,12
[26] Matth. 13,41
[27] Matth. 24,28
[28] Matth. 24,22

Feinde handelt, um ein letztes Aufbäumen. Das Wort Jesu gilt: »In der Welt habt ihr Angst, aber seid getrost, ich habe die Welt überwunden«[29], d.h. was uns Angst macht, hat Jesus überwunden. Wir haben »zu wachen und zu beten, daß wir nicht in Anfechtung fallen« und auch darum zu beten, daß noch viele Menschen gerettet werden und viele Gläubige bewahrt bleiben, ehe Jesus wiederkommt. Im übrigen haben wir zu laufen in dem Kampf, der uns verordnet ist. Der Sieg Jesu steht fest. Satan *ist* gerichtet, das Urteil *ist* gefällt und wird als Vernichtung im Feuersee zu *der* Stunde vollstreckt werden, die der Vater im Himmel dafür bestimmt hat.

7. Kapitel: **Vom Wesen des Bösen**

Verdunkelung der Sinne

Ich beginne mit einer Gleichnishandlung Jesu, seinem Wandeln auf dem Meer nach der Speisung der Fünftausend. Er treibt seine Jünger an, daß sie allein mit dem Schiff über das Meer fahren. Dann heißt es[30]: »Und da er sie von sich gelassen hatte, ging er hin auf einen Berg, zu beten. Und am Abend war das Schiff mitten auf dem Meer und er allein auf dem Berg. Und er sah, daß sie Not litten beim Rudern, denn der Wind war ihnen entgegen.« Das damalige Geschehen kann man *gleichnishaft für die Gemeinde heute* verstehen: Jesus entrückt in den Himmel, die Gemeinde am Abend der Geschichte allein auf dem Meer des Geschehens. Man denke etwa an das Lied: »Ein Schiff, das sich Gemeinde nennt, fährt durch das Meer der Zeit; das Ziel, das ihm die Richtung weist, ist Gottes Ewigkeit.« Jesus aber betet; er sieht die Not der Seinen, er weiß um die widrigen Winde. So sorgt er auch heute als der Auferstandene allezeit und überall für die Seinen. »Und um die vierte Nachtwache kam er

[29] Joh. 16,33
[30] Mk. 6,46ff.

zu ihnen und wandelte auf dem Meer und wollte an ihnen vorübergehen. Und da sie ihn sahen auf dem Meer wandeln, meinten sie, es wäre ein Gespenst, und schrien, denn sie sahen ihn alle und erschraken.« Am Ende der Zeit wird Jesus über das aufgewühlte Völkermeer (Kriege, Terror, Radikalismus, Revolutionen, Natur- und Wirtschaftskatastrophen) zu uns kommen. Die Gemeinde aber meint, sie sähe ein Gespenst, etwas Furchterregendes, und schreit und erschrickt! »Aber alsbald redete er mit ihnen und sprach zu ihnen: Seid getrost, ich bin's; fürchtet euch nicht – und trat zu ihnen ins Schiff, und der Wind legte sich.«

Als Gemeinde Jesu dürfen und sollen wir das gesamte Zeitgeschehen, auch mit seinen bedrohlichen und okkulten Äußerungen, in seinem aufgewühlten Zustand wie ein Meer ansehen, über das Jesus wandelt. Ihm kann es nichts anhaben, er hat das alles unter seinen Füßen. Insbesondere sollen wir über dem, was uns verzagt und hilflos machen will, die klare Aussicht auf das Kommen Jesu nicht verlieren. Wir brauchen vor den Mächten und Gewalten nicht zu erschrecken. Denn alles das geschieht ja gerade deshalb, weil Jesus wiederkommt. Es ist ein letztes Aufbäumen Satans mit all seinen finsteren Mächten gegen den Herrn, der ihn überwunden hat. Jesus hat bereits seine Jünger darauf hingewiesen und sagt es dadurch auch uns: »Wenn dieses anfängt zu geschehen, so sehet auf und erhebet eure Häupter, denn eure Erlösung naht.«[31] Darum wollen wir ihn ganz getrost und mit großer Freude erwarten, kein Gespenst in ihm sehen, sondern auf ihn, unseren getreuen Herrn, schauen – auch wenn er den natürlichen Augen noch nicht sichtbar ist – und nicht (wie der sinkende Petrus) auf das sich vordrängende, bedrohliche Meer von Politik, Wirtschaft, Katastrophen und Okkultem.

Es ist doch erstaunlich, daß die Jünger damals, weil sie so sehr mit sich und ihrer Notlage beschäftigt waren, in dem zu ihnen kommenden Herrn nicht ihren Meister erkann-

[31] Luk. 21,28

ten, sondern ein Gespenst zu sehen meinten! *So sehr vermag Satan die Sinne zu verdunkeln, auch unsere.* Auch wir stehen in Gefahr, vor all dem bedrückenden, finsteren, gottwidrigen Geschehen um uns herum zu vergessen, daß dies genau so im Plan Gottes mit der Menschheit beschlossen liegt, daß es Gottes, nicht Satans Weg ist und wir bei allem, was geschieht, in Gottes Hand sind, aus der uns niemand herausreißen kann.[32]

Satan als Werkzeug Gottes

In diesem Zusammenhang sei auf ein Wort von Martin Luther hingewiesen, der die Feststellung gewagt hat: Gott ist auch im Teufel gegenwärtig. *Der Teufel ist allein Gottes Teufel, sein Werkzeug.* Luther schreibt dazu in seiner drastischen, aber treffenden Ausdrucksweise, indem er den Teufel eine Anweisung Gottes hören läßt[33]: »Teufel, du bist wohl ein Mörder und Bösewicht, aber ich will dich brauchen, wozu ich will. Du sollst nur meine Hippen sein; die Welt und was an dir hanget soll mein Düngemist sein zu meinem lieben Weingarten, daß er desto besser werde ... Ich will und muß euch haben zu meinem Werkzeug, daß er bearbeitet und zugerichtet werde. Darum schneidet, hauet und hacket nur getrost – aber nicht weiter, denn ich es will!« Eine Hippe ist ein Messer mit einer sichelförmigen Klinge zur Verwendung im Obst- und Weinbau.

Hinweise darauf, daß und wie Satan von Gott als Werkzeug benutzt wird, geben die drei großen Versuchungsberichte der Bibel: die Versuchung im Paradies mit der Gehorsamsprobe für Adam und Eva, die Freigabe des frommen Hiob zur Versuchung durch Satan und die Versuchung Jesu vor Beginn seines Wirkens. Weitere Beispiele stehen in 1. Kön. 22,20–22 (Gott schickt einen Lügengeist in falsche Propheten, damit sie König Ahab betören und so seinen

[32] Joh. 10,29
[33] *M. Luther,* Sämtliche Werke, Erlanger Ausgabe 1851, Bd. 49, S. 254/55 (Auslegung zu Joh. 15,1)

Tod herbeiführen) und in 2. Sam. 24,1 zusammen mit 1. Chron. 21,1 (einmal wird Gott, der Herr, das andere Mal Satan als der angegeben, der David zur Volkszählung reizt). Aber auf jeden Fall darf Satan nur so weit tätig werden, wie Gott es will. Satan und seine Helfer, die Gewaltigen und Dämonen, liegen an Ketten, und wenn die Ketten auch lang sein mögen – *Gott hat die Ketten in der Hand und bestimmt den Spielraum für die Mächte der Finsternis.* Satan, der Kettenhund Gottes – auch diese Kennzeichnung geht auf Martin Luther zurück.

Eine Milderung der obigen Darstellung Luthers über den Teufel als Werkzeug in Gottes Weingarten mag für manchen darin bestehen, daß sie sich zunächst auf das alte Gottesvolk bezieht, wie auch Jesus in einigen Gleichnissen Israel mit einem Weinberg vergleicht. Für das neue Volk Gottes, die Gemeinde aus Israel und den Völkern, den Leib Jesu, gilt das Gleichnis von Joh. 15,1–2: »Ich bin der rechte Weinstock und mein Vater der Weingärtner. Eine jegliche Rebe an mir, die nicht Frucht bringt, wird er wegnehmen; und eine jegliche, die Frucht bringt, wird er reinigen, daß sie mehr Frucht bringe.« Es ist also Gott, der Vater, der das Messer im Weinberg handhabt. Der Teufel ist daher nur das Messer in der Hand Gottes, und wir als die Reben sind in der Verbindung mit Jesus, dem Weinstock.

Gutes und Böses von Gott

Aber wenn es auch schwerfallen mag, wir wollen uns dem herausfordernden Worte Luthers stellen, daß Gott auch im Teufel gegenwärtig sei. Das Wesen des Bösen in seiner Auflehnung gegen Gott *und* in seiner Abhängigkeit von Gott erschließt sich erst, wenn man bereit ist, auf die doppelte Aussage der Bibel zu hören: Gott ist es, der *alles* tut. Gutes *und* Böses kommt von ihm. Gott selbst hat es in seiner Offenbarung an Israel so bezeugt. Darauf weisen schon Mose und Josua als Führer des Volkes in ihren Ermahnungen hin, die sie den Israeliten zum Abschied mitgeben.

Es gilt das eine: »Er ist ein Fels. Seine Werke sind vollkommen; denn alles, was er tut, das ist recht. Treu ist Gott und kein Böses an ihm, gerecht und wahrhaftig ist er.« Es gilt aber auch das andere: »Ich will alles Unglück über sie häufen, ich will alle meine Pfeile auf sie schießen.«[34] Ebenso: »Wie nun all das gute Wort gekommen ist, das der Herr, euer Gott, euch verkündigt hat, so wird der Herr auch über euch kommen lassen all das böse Wort, bis er euch vertilgt hat aus diesem guten Lande, das euch der Herr, euer Gott, gegeben hat.«[35] Weiter heißt es: »Ich bin der Herr, der alles schafft.«[36] »Ich bin der Herr und sonst keiner mehr, der ich das Licht mache und schaffe die Finsternis, der ich Frieden gebe und schaffe Unheil. Ich bin der Herr, der dies alles tut.«[37] »Der Geist des Herrn aber wich von Saul, und ein böser Geist vom Herrn ängstigte ihn.«[38] »Der Herr macht alles zu seinem Zweck, auch den Gottlosen für den bösen Tag.«[39] »Wer darf denn sagen, daß solches geschieht ohne des Herrn Befehl und daß nicht Böses und Gutes kommt aus dem Munde des Allerhöchsten?«[40] »Ist etwa ein Unglück in der Stadt, das der Herr nicht tut?«[41] Und als David vor Absalom flieht und Simei ihm flucht[42], sagt David zu seinen Begleitern: »Laßt ihn fluchen; denn der Herr hat ihm geboten: Fluche David! Wer darf dann sagen: Warum tust du das?«

Alle diese Stellen machen deutlich, daß Gott hinter allem, auch hinter dem, was an Bösem geschieht, steht. Was die Bibel uns damit sagen will, ist außerordentlich wichtig: *Der Böse ist keine selbständige Macht neben Gott; er kann nur wirken, wann und was ihm Gott gebietet.* »Auf daß du wissest, daß der Herr allein Gott ist und sonst keiner.«[43] Gott ist es, der alles wirkt, auch wenn er Satan und seine Dämonen als Werkzeuge benutzt. Und wenn sich diese

[34] 5.Mose 32,4.23
[35] Jos. 23,15
[36] Jes. 44,24
[37] Jes. 45,6.7
[38] 1.Sam. 16,14
[39] Spr. 16,4
[40] Klag. 3,37.38
[41] Amos 3,6
[42] 2.Sam. 16,10
[43] 5.Mose 4,35

Werkzeuge aufs heftigste gottwidrig gebärden, so liegt es daran, daß sie lebendige Wesen mit einem bösen Eigenwillen sind. Gott aber hat sie an der Kette und bringt durch das Böse hindurch seinen Willen zum Ziel und zur Vollendung.

Zum besseren Verstehen dieser sehr schwierigen Zusammenhänge bedenke man: Als Menschen haben wir keinen Einblick in Gottes Plan, haben nicht das richtige Wissen um Gut und Böse. *Dieses Wissen steht allein Gott zu.* Durch den Sündenfall ist eine unvollkommene, verfälschte Kenntnis auf uns gekommen. Deshalb bewerten wir nach recht subjektiven Maßstäben und Vorstellungen, was gut sei und was böse sei. Gott aber bleibt bei seinem allein gültigen Maßstab. Das hindert ihn nicht, Menschen gegenüber von unseren Maßstäben auszugehen oder sich darauf zu beziehen. Was in menschlicher Sicht Unglück, Unheil, Böses ist, kann von Gott her gesehen Mittel der Zucht und des Zurechtbringens sein und damit Gutes bewirken. Wo er einen Bann vollstrecken läßt, wie beim Einzug Israels in das verheißene Land, geht es meistens um ein Gerichtshandeln Gottes.

Er allein hat das Recht, ein Urteil zu sprechen und es zu vollziehen oder vollziehen zu lassen. Gut ist allein das, was dem Willen Gottes entspricht. Böse ist allein das, was dem Willen Gottes entgegensteht. Und da seine Gedanken höher sind als unsere Gedanken, ist es unsere Sache einzusehen, daß wir Gottes Handeln selten verstehen. Er übernimmt und trägt die Verantwortung für alles Geschehen, auch für das, was uns als böse erscheint, weil er uns davor bewahren will, Satan als dem Bösen eine selbständige Macht zuzubilligen. In diesem Sinne sind die Bibelstellen zu verstehen, in denen Gott für alles Böse die Verantwortung übernimmt. Unabhängig davon bleiben wir Menschen für all unser Denken, Reden und Tun vor Gott verantwortlich.[44]

[44] Matth. 7,2; 12,36

Für eine tiefergehende Durchdringung der Schwierigkeit stelle ich zwei Thesen auf, die sich ergänzen, indem sie sich widersprechen. Damit gehe ich wieder den angekündigten Weg (vgl. Kapitel 1), das Prinzip der Komplementarität für die Erhellung biblischer Zusammenhänge fruchtbar zu machen.

1. *Gott wirkt alles in allem. Er allein ist Gott. Er allein ist Herr. Er ist allmächtig. Neben ihm kann keine andere Macht bestehen.*

Folgerung: Gott wirkt auch in Satan.

2. *Es ist eine Macht in der Welt wirksam, die sich unentwegt gegen Gott stellt, sich immer stärker entfaltet und Gott entmachten will. Sie gibt sich als nicht überwunden. Diese Macht ist Satan.*

Folgerung: Satan wirkt aus sich selbst.

Zur Begründung von These 1 brauche ich nichts weiter anzuführen. Diese Aussagen über Gott sind jedem Bibelgläubigen zur Genüge bekannt. Die Folgerung daraus ist Luthers Aussage, die sich, wie bereits gezeigt, durch zahlreiche Bibelstellen belegen läßt.

Zur Begründung von These 2 verweise ich auf Jesus, der Satan den »Fürsten dieser Welt« nennt[45], ferner auf Mark. 4,15 (Satan kommt und nimmt das ausgesäte Wort Gottes weg) und auf Eph. 2,2 (der Mächtige, der in der Luft herrscht; der Geist, der sein Werk hat in den Kindern des Unglaubens), Eph. 6,12 (Mächtige und Gewaltige, die Herren der Welt), Offb. 13,7 (Macht, zu streiten wider die Heiligen und sie zu überwinden). Obige Folgerung ergibt sich daraus leicht; sie ist in gewisser Hinsicht auch von Jesus in Joh. 8,44 ausgesprochen.

Daß *beide Thesen notwendig* sind, um die schwierige Problematik des Bösen gedanklich zu fassen, zeigt folgende Zusatzüberlegung. Ließe man nur These 1 gelten, so würde

[45] Joh. 12,31; 14,30; 16,11

das bedeuten, daß Gott das Gute und das Böse in sich vereine. Dem widerspricht die Bibel: »Das ist die Botschaft, die wir von ihm gehört haben und euch verkündigen, daß Gott Licht ist und in ihm ist keine Finsternis.«[46] »Treu ist Gott und kein Böses an ihm.«[47] Wenn jedoch allein These 2 gelten sollte, so liefe das darauf hinaus, daß Gott und Satan rivalisierende Mächte seien. Dem widerspricht die Bibel ebenfalls: »Du aber hast es gesehen (was Gott für dich getan hat), auf daß du wissest, daß der Herr allein Gott ist und sonst keiner.«[48] »Gott hat die Reiche und die Gewalten ihrer Macht entkleidet und hat sie öffentlich zur Schau gestellt und hat einen Triumph aus ihnen gemacht in Christus.«[49]

Ähnlich wie die beiden hier gegebenen Thesen formuliert auch K. Heim. Er sagt[50]: »Gott ist auch im Teufel der Wirksame. Gott hat selbst keine diabolischen Züge. Keine der beiden Aussagen darf zugunsten der anderen an Gewicht verlieren. Unser Denken muß an diesem Punkt eine Notlage durchhalten. Wir fühlen die unergründlichen Tiefen Gottes, aber auch die Tiefen Satans.« So wollen auch wir beide Thesen gelten lassen und die Spannung aushalten, die in ihrem Gegeneinander liegt. Damit gestehen wir im Grunde nur ein, daß Gott unbegreiflich ist.[51] Der Gute und der Böse sind unergründliches Geheimnis für uns, vor dem jedes menschliche Denkvermögen versagt. Gott allein ist gut.[52] Er ist darüber anzubeten, seinem Willen gebührt Gehorsam. Satan ist der Böse, der Mörder von Anfang, der Vater der Lüge.[53] Ihm ist zu widerstehen[54], was nur in der Waffenrüstung Gottes möglich ist.

[46] 1.Joh. 1,5
[47] 5.Mose 32,4
[48] 5.Mose 4,35
[49] Kol. 2,15
[50] *K. Heim*, Jesus der Weltvollender, 3. Aufl., Chr. Kaiser Verlag, Hamburg 1953
[51] Ps. 147,5; Röm. 11,33
[52] Mk. 10,18
[53] Joh. 8,44
[54] Jak. 4,7

Missionarische Erfahrung als Verstehenshilfe

Die hier gegebene Deutung des Bösen wird auch von W. Freytag in einer treffenden Formulierung bestätigt. Er kennzeichnet das Wesen des Dämonischen u.a. dahin, daß es *aus Gottes Kraft gegen Gott* lebt. Seine Erfahrungen aus Missionsgebieten sind so interessant und lehrreich, daß ich sie im Auszug hier anfüge[55]. Er schreibt:

»Was ist das eigentlich, das Dämonische? Es ist seinem Wesen nach eine übermenschliche Gewalt, die im pervertierten Verhältnis zur Gottheit steht. Es ist ein Wille, aber ein böser, zerstörerischer Wille. Es ist, als ob in allen Religionen dieser Wille als ständige Gefahr nicht nur im Hintergrunde steht, sondern auch Wirklichkeit wird. Man kann dieses Dämonische näher charakterisieren mit vier Aussagen:

1. *Es gehört zu seinem Wesen, daß es den Menschen mit Beschlag belegt.* Wir dürfen an den Religionen das nicht übersehen. Nicht nur die auffälligen Erscheinungen, in denen uns das zu Tage tritt, etwa die Erscheinung von Besessenheit, sprechen davon, sondern auch die Religion an sich belegt den Menschen mit Beschlag, ist eine andere Herrschaft über den Menschen als die Christusherrschaft ...

2. Das zweite am Dämonischen ist, *daß es den Schein des Guten hat und doch festhält am Bösen.* Wir haben in allen Religionen Wahrheiten. In den primitiven Religionen ist vor allem ihr Sprichwortgut voll von moralischer Weisheit, von Wissen um das Gute. Und erst recht natürlich in den Hochreligionen gibt es eine Fülle von Aussagen über das, was recht ist und was von jedem menschlichen Gewissen und auch christlichen Gewissen bestätigt werden könnte. Aber es ist merkwürdig, daß dieses Gute, um das man weiß, zu nichts anderem benutzt wird, als daß der Mensch sich selbst bestätigt; ja, noch mehr, daß er unter dem Wissen um das Gute sein eigenes Nichttun dieses Guten versteckt.

Ich glaube, damit ist es deutlich, was ich meine, nämlich daß in den Religionen immer die Gefahr und nicht nur die Gefahr da ist, daß die Menschen ihr Wissen um das Gute benutzen, um die Unordnung im eigenen Herzen zu verschleiern, um sich selbst zu be-

[55] *W. Freytag*, Reden und Aufsätze II, München 1961, S. 15–23

haupten, damit sie nicht anders zu werden brauchen. Man redet um so lauter vom Guten, je tiefer man im Schlechten gefangen ist.

3. Das dritte Merkmal am Dämonischen ist, *daß es göttliche Triumphe feiern kann.* Es ist wirklich eine Kraft da. Hier kommen wir auf das Faktum der Zauberer und der Magie. Es ist eine merkwürdige Tatsache, daß die Menschen in Europa und Amerika die Zauberei vielfach für Betrug halten, jedenfalls nicht für eine wirkliche Kraft. Nun, selbstverständlich kann bei der Zauberei viel Betrug sein. Aber schon die einfache Tatsache, die viele Pioniermissionare berichten, daß etwa Zauberer äußerten: »Seitdem die Missionare im Lande sind, hat unsere Zauberei keine Kraft mehr« – diese Tatsache ist vielleicht doch mehr als etwas, was man nur psychologisch erklären kann. Die Bevölkerung wird nämlich durch die neue Botschaft so in Anspruch genommen, daß sie der alten Suggestion nicht mehr im selben Maße verfällt. Die Zauberer zum mindesten haben ja den Eindruck, daß sie vorher etwas gekonnt und zustandegebracht haben, was sie nun nicht mehr können, wenigstens nicht im selben Maße.

Jedenfalls eins ist gewiß: daß eine Kraft da ist und eine Kraft wirkt und eine Kraft Triumphe feiert, die man nicht leugnen sollte. Dies ist ja auch die Erklärung dafür, daß in den Erstlingsgemeinden draußen, in denen es moralisch manchmal nicht so ganz in Ordnung ist, die Sünde des Rückfalls in die Zauberei am ernstesten genommen wird; denn die Christenheit der ersten Generation weiß um die wirkliche Kraft des Dämonischen.

4. Was ist das eigentlich für eine Kraft? Gibt es denn eine Kraft, die als solche nicht in der Hand Gottes ist, nicht von ihm kommt? Mir scheint das Wesen des Dämonischen gerade darin zu liegen, *daß es aus Gottes Kraft gegen Gott lebt.* Das ist der tiefste Wesenszug des Dämonischen. Es lebt aus Gottes Kraft gegen Gott, wirklich aus Gottes Kraft; denn die Erkenntnis des Guten, mit der der Mensch das Böse deckt, kommt ihm von Gott. Und auch die Magie, ist sie nicht im tiefsten Grunde die gottgegebene Möglichkeit und Fähigkeit des Menschen zu gestalten, zu beherrschen, sich untertan zu machen? Beides wird gebraucht, das Wissen um das Gute und diese Fähigkeit, gebraucht gegen Gott. Und das ist ein sehr menschliches Phänomen; denn es ist ja das Wesen der Sünde – diese Sünde, die im Gleichnis vom verlorenen Sohn beschrieben wird mit der Tat des Sohnes, der sich das Erbteil vom Vater geben läßt, um es allein, fern vom Vater, zu verprassen.

Es ist dasselbe Phänomen, das wir in der Seelsorge vor uns haben, wenn vor uns einer sitzt, der wohl seine Sünde erkennt und nicht davon lassen kann – etwa ein verheirateter Mann, der bekennt, daß er mit einem Mädchen eine Beziehung hat, und sagt: »Ich kann sie nicht lassen, denn es ist doch wirklich Liebe.« Dieses Nicht-lassen-können beruht ja darauf, daß hier eine gottgeschenkte Möglichkeit zwischen zwei Menschen in aller Kraft sich auswirkt, und die Sünde darin, daß diese von Gott geschenkte Kraft gegen Gott gelebt wird. Dieser Wesenszug des Dämonischen sieht fast aus wie eine satanische Inkarnation, wie ein Tat-geworden-sein des antichristlichen Willens. Hier versteht man das Wort von 1.Joh. 3,8: »Dazu ist erschienen der Sohn Gottes, daß er die Werke des Teufels zerstöre.«

Jeder, der bis hier gefolgt ist, wird unwillkürlich den Gedanken gehabt haben, daß alles das, was wir als den dämonischen Hintergrund der Religionen beschrieben haben, ja auch im Christentum vorhanden ist, zumindest als Bedrohung. Oder stimmt das etwa nicht? Gibt es nicht ein christliches Leben, das uns mit Beschlag belegt gegen Gott? Wir wissen das alle, wie es zum Beispiel im liturgischen Leben möglich ist, daß wir den Ritus miterleben und so stark darin stehen, daß er uns niemals ein Anruf von Gott her werden kann. In einem Christentum zum Beispiel, das das Kirchenjahr feiert, haben wir doch immer die Gefahr, daß wir von Station zu Station mitgehen, ohne sie ernst zu nehmen. Es kommt ja *wieder* Weihnachten, *wieder* Ostern, *wieder* Pfingsten. Und wir bewegen uns in einem Kreislauf, der niemals zur Entscheidung führt. Wir sind mit Beschlag belegt gegen Gott. Und gibt es das nicht auch bei uns, daß wir den Schein des Guten tragen, aber festhalten an der Lüge? Daß wir dann am christlichsten reden, wenn wir am wenigsten christlich handeln? Daß wir uns flüchten in das Wort Gottes, nicht um den Heiligen Geist zu empfangen, sondern um uns der Gnade zu vergewissern ohne Buße? Gibt es das nicht auch bei uns, daß wir aus Gottes Kraft gegen Gott leben? Wenn wir etwa denken an das magische Gebet – gibt es nicht ein Gebet, das um Erhörung bittet und tatsächlich auch erhört wird und das doch eigentlich nichts anderes ist als die magische Handlung des Christen, weil es im innersten gar nicht Gott meint, gar nicht sagt: »Dein Wille geschehe«, sondern: mein Wille geschehe? Hier haben wir in dieser ständigen Bedrohung durch das Dämonische wirklich eine Gemeinsamkeit zwischen dem Christentum und den Religionen, und ganz gewiß keine Überlegenheit des Christentums.

Haben wir das gesehen, dann wird aber auch deutlich, was das Christentum nun von den Religionen unterscheidet. Es ist nicht das, was es sieht, sondern das, was es glaubt und verkündigt. Was kann uns retten vor dieser ständigen Gefahr, daß wir uns beschlagnahmen lassen durch unser Christentum gegen Gott? Daß wir den Schein des Guten annehmen und am Bösen festhalten? Daß wir aus Gottes Kraft gegen Gott leben? Nichts anderes als das, was Gott getan hat und was Er tut, oder noch konkreter: kein anderer als Christus selbst. Nur in Ihm ist diese Gefahr überwunden. Nur Er selbst ist unsere Rettung. Wenn wir Ihn meinen, sind wir bewahrt vor der Liturgie, die uns gegen Ihn mit Beschlag belegt. Wenn wir Ihn meinen, dann kommt es zur Buße. Wenn wir Ihn meinen und uns an Ihn halten, dann leben wir aus seiner Kraft ein neues Leben nach seinem Willen.«

Wie das praktisch vollzogen werden kann, bedarf zuweilen einer tiefergehenden Seelsorge. Darauf gehe ich in den letzten Kapiteln dieses Buches ein.

8. Kapitel: **Gott und die Geister**

Gott über allem und allen

Wem der Glaube an den lebendigen Gott geschenkt ist, der hält sich an ihn als den verborgenen, unsichtbaren Gott. Er weiß, »wir wandeln im Glauben und nicht im Schauen«.[56] Aber auch der noch nicht an den Gott der Bibel Glaubende sollte sich von den Worten mahnen lassen[57]: »Denn Gottes unsichtbares Wesen, das ist seine ewige Kraft und Gottheit, wird ersehen seit der Schöpfung der Welt und wahrgenommen an seinen Werken, so daß sie (die Menschen) keine Entschuldigung haben.« Gott hat sich nicht unbezeugt gelassen. Sein Wesen – nicht ihn selbst – kann man in Natur und Geschichte an seinem Wirken wahrnehmen. Dieses merkwürdige, zur Entscheidung herausfordernde *Verhalten*

[56] 2.Kor. 5,7
[57] Röm. 1,20

Gottes, sich so zu offenbaren, daß er dennoch der verborgene bleibt, hat B. Pascal in prachtvoll formulierten Sätzen gekennzeichnet. In seinen Pensées schreibt er[58]:

»Weil so viele Menschen sich Gottes Milde unwürdig machen, hat er sie in der Entbehrung eines Gutes belassen wollen, nach dem sie nicht verlangten. Es war also nicht gerecht, in einer Weise zu erscheinen, die mit ihrer unverhüllten Göttlichkeit unbedingt fähig gewesen wäre, alle Menschen zu überzeugen. Es war aber auch nicht gerecht, auf eine so verborgene Weise zu erscheinen, daß er von denen, die ihn aufrichtig suchten, nicht erkannt werden konnte. Da er also unverhüllt denen erscheinen wollte, die ihn von ganzem Herzen suchen, und da er denen verborgen bleiben wollte, die ihn von ganzem Herzen fliehen, setzt er seine Erkennbarkeit in der Weise herab, daß er Zeichen seiner selbst gibt, sichtbar denen, die ihn suchen, aber nicht sichtbar denen, die ihn nicht suchen. Es gibt Licht genug für die, die nichts anderes wollen als sehen, und es gibt Finsternis genug für die anderen, die nicht sehen wollen.«

Diese Sätze geben einen tiefen Einblick in Gottes Wesen: in seine *absolute Souveränität,* daß er allein entscheidet, wie und wem er sich offenbaren will; in seine *unbedingte Anerkennung des menschlichen freien Willens,* daß er sich nicht aufdrängt; in seine *wahre Gerechtigkeit,* daß er sich dem ihn Suchenden zu erkennen gibt, dem ihn Ablehnenden aber nicht.

Mit dem lebendigen Gott sind aber auch unsichtbar, d.h für natürliche Sinne nicht wahrnehmbar, alle anderen Wesen der unsichtbaren Welt. Diese anderen sind alle geschaffen, alle sind dem Dreieinigen Gott untergeordnet. Die Bibel spricht das deutlich aus: »Denn in ihm (in Jesus) ist alles erschaffen, was im Himmel und auf Erden ist, das Sichtbare und das Unsichtbare, es seien Throne oder Herrschaften oder Reiche oder Gewalten; es ist alles durch ihn und zu ihm geschaffen.«[59] »Gott hat Jesus von den Toten aufer-

[58] *B. Pascal,* in: F. E. Peters, Blaise Pascal, Trautmann Verlag, Hamburg 1974, S. 100/101

[59] Kol. 1,16

weckt und ihn gesetzt zu seiner Rechten im Himmel über alle Reiche, Gewalt, Macht, Herrschaft und was sonst genannt mag werden.«[60]

Dreieinigkeit Gottes

Wenn in Ehrfurcht von Gott gesprochen wird, denkt man im allgemeinen an Gott, den Vater. Wir Christen wissen aber auch von Gott, dem Sohne, und von Gott, dem Heiligen Geist. Deshalb sollte uns, wenn wir Gott nennen, stets der Dreieinige Gott vor Augen stehen. Glauben wir Christen aber an drei Götter, wie es Islam-Gläubige uns immer wieder vorhalten? Keineswegs! Ich erinnere an das Glaubensbekenntnis nach Athanasius[61], in dem der Sachverhalt dogmatisch sehr gut herausgestellt wird. Dort heißt es:

Eine andere Person ist der Vater, eine andere der Sohn, eine andere der Heilige Geist. Aber der Vater und der Sohn und der Heilige Geist ist *ein einiger Gott*, gleich in der Herrlichkeit, gleich in ewiger Majestät. Wie der Vater Gott ist, so ist auch der Sohn und so ist auch der Heilige Geist. Der Vater ist nicht geschaffen, der Sohn ist nicht geschaffen, der Heilige Geist ist nicht geschaffen. Der Vater ist unermeßlich, der Sohn ist unermeßlich, der Heilige Geist ist unermeßlich. Der Vater ist ewig, der Sohn ist ewig, der Heilige Geist ist ewig. Und doch sind nicht drei Ewige, sondern es ist *ein* Ewiger. Gleichwie auch nicht drei Ungeschaffene noch drei Unermeßliche, sondern es ist *ein* Ungeschaffener und *ein* Unermeßlicher. So ist auch der Vater allmächtig, der Sohn ist allmächtig, der Heilige Geist ist allmächtig, und sind doch nicht drei Allmächtige, sondern es ist *ein* Allmächtiger. So ist auch der Vater Gott, der Sohn ist Gott, der Heilige Geist ist Gott, und sind doch nicht drei Götter, sondern es ist *ein* Gott. So ist auch der Vater der Herr, der Sohn ist der Herr, der Heilige Geist ist der Herr, und sind doch nicht drei Herren, sondern es ist *ein* Herr . . . So daß also drei Personen in einer Gottheit und ein Gott in drei Personen geehrt werde.

[60] Eph. 1,21
[61] Vgl. Bekenntnisse der Kirche, Theol. Verlag R. Brockhaus, Wuppertal 1970

Die denkmäßige Durchdringung sehe ich, vom Ineinander des Sichtbaren und des Unsichtbaren aus, wie folgt: Im Unsichtbaren ist Gott *Einer;* er offenbart sich in das Sichtbare hinein in drei Personen. Dabei kann keine der drei Personen eine der anderen sein. Doch gehört zu dieser Dreiheit, daß keine zwei ohne den Dritten sind. Und zum Wesen des *einen* Gottes gehört, daß Gott nicht teilbar ist. Jede der drei Personen ist stets der ganze, der *eine* Gott, an den wir Christen glauben.

Zu begreifen ist die Dreieinigkeit nicht. Das Geheimnis vom Sein Gottes wird nicht gelüftet. Aber wir dürfen wissen: Einst werden wir ihn sehen, wie er ist.[62] Wenn sich das ereignen wird, werden wir wohl vor niemand anderem stehen als vor unserem Herrn Jesus. Denn er hat gesagt: Wer mich sieht, der sieht den Vater.[63] Und Paulus bekennt: In Jesus wohnt die ganze Fülle der Gottheit leibhaftig.[64]

Viele Arten von Geistern

Das Wort »Geister« verwendet die Bibel als *Sammelbezeichnung für alle Wesen des Unsichtbaren,* ausgenommen den Dreieinigen Gott, dem alle Geister untergeordnet sind. Die zusammenfassende Bezeichnung erstreckt sich von den »abgeschiedenen Seelen« im Totenreich über die »bösen Geister« und die »unsauberen Geister« bis hin zu den Engeln, die als »dienstbare Geister« vorgestellt werden, und zu den hohen Geistern vor Gottes Thron. Nachfolgend einige Belege aus dem Alten und dem Neuen Testament.

»Der Geist des Herrn aber wich von Saul, und ein böser Geist vom Herrn ängstigte ihn.«[65] »Und der Herr sprach: Wer will Ahab betören, daß er hinaufzieht und vor Ramoth in Gilead fällt? Und einer sagte dies, der andere das. Da trat ein Geist vor und stellte sich vor den Herrn und sprach: Ich will ihn betören. Der Herr sprach zu ihm: Womit? Er sprach:

[62] 1. Joh. 3,2
[63] Joh. 14,9
[64] Kol. 2,9
[65] 1. Sam. 16,14.23

Ich will ausgehen und will ein Lügengeist sein im Munde aller seiner Propheten. Er sprach: Du sollst ihn betören und sollst es ausrichten; gehe aus und tue das!«[66] »Zu der Zeit, spricht der Herr Zebaoth, will ich die Namen der Götzen ausrotten aus dem Lande, daß man ihrer nicht mehr gedenken soll; dazu will ich auch die Propheten und allen Geist der Unreinheit aus dem Lande treiben.«[67]

»Jesus rief seine zwölf Jünger zu sich und gab ihnen Vollmacht über die unsauberen Geister, daß sie sie austrieben und heilten alle Krankheit und alle Gebrechen.«[68] »Dann geht er (ein böser Geist) hin und nimmt zu sich sieben andere Geister, die ärger sind als er selbst; und wenn sie hineinkommen, wohnen sie allda.«[69] »Er (Jesus) gebietet auch den unsauberen Geistern, und sie gehorchen ihm!«[70] »Und wenn ihn die unsauberen Geister sahen, fielen sie vor ihm nieder, schrien und sprachen: Du bist Gottes Sohn!«[71] »Und es begab sich danach, daß er reiste durch Städte und Dörfer und predigte und verkündigte das Evangelium vom Reiche Gottes; und die zwölf waren mit ihm, dazu etliche Frauen, die er gesund gemacht hatte von bösen Geistern.«[72] »Doch darüber freuet euch nicht, daß euch die Geister untertan sind. Freuet euch aber, daß eure Namen im Himmel geschrieben sind.«[73] Das Austreiben böser oder unsauberer Geister durch die Apostel wird in Apg. 5,16; 8,7; 16,18 und 19,12–13 bezeugt.

Leiblichkeit und Rangordnung

Die Einheitlichkeit in der Bezeichnung »Geister« besagt aber nur, daß sie als Geschöpfe Gottes, durch sein Wort geschaffen, einerlei pneumatische, geistliche Leiblichkeit haben. Diese ist für uns Menschen auf natürliche Weise unvorstellbar und nicht wahrnehmbar. *Doch sagt die einheitli-*

[66] 1. Kön. 22,20–22
[67] Sach. 13,2
[68] Matth. 10,1
[69] Matth. 12,45
[70] Mk. 1,27
[71] Mk. 3,11
[72] Luk. 8,1–2
[73] Luk. 10,20

che Bezeichnung nicht aus, daß die Geister einander gleichen. Sie unterscheiden sich sehr nach ihrer Wesensart und ihren Aufträgen, ebenso nach ihrer Rangordnung in der Hierarchie der Geister. Eine solche Rangordnung besteht. Die Bibel spricht von Thronen und Herrschaften, von Mächtigen und Gewaltigen, von guten und von bösen Geistern, ferner von Engeln Gottes und von Engeln des Teufels. Jakob schaut im Traum die Himmelsleiter und sieht: »die Engel Gottes stiegen daran auf und nieder«.[74] Auf dem Weg zur Versöhnung mit Esau »begegneten ihm die Engel Gottes«.[75] Jesus wird im Gericht verkünden: »Gehet hin von mir, ihr Verfluchten, in das ewige Feuer, das bereitet ist dem Teufel und seinen Engeln!«[76] Und vom Streit im Himmel heißt es: »Michael und seine Engel stritten wider den Drachen. Und der Drache stritt und seine Engel und siegten nicht, auch ward ihre Stätte nicht mehr gefunden im Himmel.«[77] Des Teufels Engel werden im griechischen Grundtext des Neuen Testaments auch als Dämonen bezeichnet, von Luther mit Teufeln (Mehrzahl) übersetzt, ferner der Teufel als Oberster der Teufel.[78]

Es ist müßig und bringt nichts, aus den Angaben der Bibel eine Rangordnung der Geister zu konstruieren. Sie sagt darüber zu wenig, also brauchen wir davon nichts. Es genügt zu wissen, daß gute Geister sind – von den hohen Geistern vor Gottes Thron bis zu den Engeln als Boten Gottes – und daß böse Geister sind – von Satan und seinen Gewaltigen bis zu den abgeschiedenen Seelen im Totenreich.[79] Alle diese Geister haben im Unsichtbaren ihr geistliches Sein, für natürliche Augen und Ohren nicht wahrnehmbar – es sei denn, Gott habe Menschen Augen oder Ohren geöffnet oder Geistern erlaubt zu erscheinen.

[74] 1. Mose 28,12
[75] 1. Mose 32,2
[76] Matth. 25,41
[77] Offb. 12,7
[78] Matth. 12,24.28; Mk. 3,22 (alte Lutherübersetzung)
[79] 1. Petr. 3,19f.

Erscheinen von Geistern

Für ein solches Erscheinen von Wesen, die im Unsichtbaren leben, also für ein »Gesehenwerden« oder »Gehörtwerden«, hat das Neue Testament zwei unterschiedliche Worte. Wenn es sich um Jesus oder um Geister aus dem Reich des Lichts handelt, steht im griechischen Grundtext das Wort *horao* = sehen oder eine davon abgeleitete Form (das Futur *opsomai* oder der Aorist Passiv *oophthän*). Die Wendung »er erschien = er wurde gesehen« (griechisch: *oophthä*) beschreibt ein Sichtbarwerden, verbunden mit einem echten Hervortreten aus dem Unsichtbaren in das Sichtbare, teils mit einem materiellen, teils mit einem verklärten Leib. Den Geistern aus dem Reich der Finsternis ist diese Art des Erscheinens offensichtlich nicht gestattet. Ihr »Erscheinen« spielt sich anders ab. Es heißt[80]: »Denn solche falschen Apostel und arglistigen Arbeiter verstellen sich zu Christi Aposteln. Und das ist auch kein Wunder; denn er selbst, der Satan, verstellt sich zum Engel des Lichts. Darum ist es nichts Großes, wenn sich auch seine Diener verstellen als Diener der Gerechtigkeit; deren Ende wird sein nach ihren Werken.«

Das griechische Wort, das hier für »sich verstellen« benutzt wird, heißt *metaschematizein* = »eine andere Gestalt annehmen, sich mit einem andern identifizieren«. Satan und seinen Engeln, den Dämonen, gelingt das Hervortreten aus dem Unsichtbaren, d.h. die volle Sichtbarmachung nicht. In besonderen Fällen können sie Augen, Ohren und andere Sinne von Menschen »beeindrucken«, können also »gesehen, gehört und gefühlt« werden, bleiben aber im Unsichtbaren. Das liegt in dem Wort »sich verstellen«. Um einen Leib von »Fleisch und Bein« zu haben, müssen sie in Menschen fahren. So fahren Lügengeister in falsche Propheten, so fuhr Satan in Judas, zuvor sogar in Petrus. So sind wir, als wir noch in unseren Sünden waren, »gewandelt nach dem Geist, der zu dieser Zeit sein Werk hat *in den Kin-*

[80] 2.Kor. 11,13–15

dern des Unglaubens«.[81] So wird Satan seinen letzten Angriff gegen Jesus und seine Gemeinde führen, indem er im Antichristen, im Tier und im falschen Propheten wirkt.[82] Entsprechendes gilt für die Botschaften der Finsternismächte. Sie sind Lüge, aber, da sie stets etwas Wahres enthalten, nicht leicht als Lüge zu erkennen. Denn Satan ist der Vater der Lüge und der Mörder von Anfang.[83] *Mit ausgefeilter List führt er den Kampf gegen die Wahrheit, indem er geschickt Wahres einflicht.*

Geisterunterscheidung

Auch unabhängig von einem Erscheinen gibt es Einwirkungen der Geister auf Menschen. Solche Einwirkungen können auf Leib, Seele, Geist des Menschen erfolgen und sogar wahrnehmbar und feststellbar sein. So geschehen zwar auch heute Heilungen und andere Wunder, die auf die Macht Jesu zurückgehen, vermittelt von Menschen, denen er Vollmacht gegeben hat und die in seinem Namen nach biblischer Weisung für »Mühselige und Beladene« fürbittend eintreten. Aber es geschehen auch Heilungen und andere Wunder, die satanischen Ursprungs sind, ebenfalls von Menschen vermittelt. Diese jedoch rufen in irgendeiner Form zu Satan, selbst wenn ihr »Heilen« von Kreuzschlagen und Berufung auf die »drei höchsten Namen« begleitet wird. Beiderlei Einwirkungen sind, auch für Glaubende, nicht unmittelbar zu unterscheiden, zumal die meisten Menschen, die sich mit magischen Praktiken abgeben, völlig davon überzeugt sind, daß die ihnen verliehenen Kräfte göttlichen Ursprungs seien.

Jesus warnt uns davor in seinen endzeitlichen Reden. Er sagt: »Mancher falsche Christus und falsche Propheten werden aufstehen und große Zeichen und Wunder tun, so daß, wenn es möglich wäre, auch die Auserwählten verführt

[81] Eph. 2,2
[82] Offb. 13
[83] Joh. 8,44

würden.«[84] Weiter heißt es: »Denn der Frevler wird auftreten in der Macht des Satans mit allerlei lügenhaften Kräften und Zeichen und Wundern und mit allerlei Verführung zur Ungerechtigkeit bei denen, die verloren werden, weil sie die Liebe zur Wahrheit nicht angenommen haben zu ihrer Rettung.«[85] Um also jetzt in der Endzeit nicht einer Verführung anheimzufallen, ist es für den Glaubenden außerordentlich wichtig, die Geister unterscheiden zu können. Wie jede Gabe von Gott, *kann auch die Gabe der Geisterunterscheidung erbeten werden. Gewährt wird sie aber nicht zu eigenem, sondern zu gemeinem Nutzen.*[86] Voraussetzung ist weiter, wie aus der zuvor angegebenen Stelle hervorgeht, die Liebe zur Wahrheit. Das entspricht der Weisung, an unseren Lenden umgürtet zu sein mit Wahrheit[87], als dem ersten Stück der Waffenrüstung Gottes, die es dem Feind gegenüber anzulegen gilt. Im übrigen haben wir fest in der Nachfolge Jesu zu stehen.

Im Anschluß an seinen Rat, die Geister zu prüfen, ob sie von Gott sind, gibt Johannes den Hinweis: »Daran sollt ihr den Geist Gottes erkennen: ein jeglicher Geist, der da bekennt, daß Jesus Christus ist im Fleisch gekommen, der ist von Gott; und ein jeglicher Geist, der Jesus nicht bekennt, der ist nicht von Gott.«[88] Das gilt zunächst von Menschen, die von Jesus zu uns reden, und für ihre Lehre oder Predigt. Es gilt aber auch für Geister, die *durch* Menschen zu uns reden. In beiden Fällen können wir zurückfragen: »Glaubst du, daß Gott der Allmächtige in Jesus von Nazareth Mensch geworden ist? Bekennst du Jesus als den Sohn Gottes, wie es die Bibel lehrt? Bist du ein Geist von oben oder ein Geist von unten?« Wenn aber Geister, die wir nicht sehen oder hören, auf uns, d.h. auf unsere Gedanken, auf unsere Phantasien, einwirken, so können wir uns an eine

[84] Matth. 24,24
[85] 2.Thess. 2,9–10
[86] 1.Kor. 12,7
[87] Eph. 6,14
[88] 1.Joh. 4,2

Faustregel halten: Geister der Finsternis verbreiten Angst, machen uns hochmütig und selbstbewußt, schmeicheln dem natürlichen Menschen in uns, bestärken uns auf eigenen Wegen, verführen gegen Gottes Gebot. Geister des Lichts flößen Ehrfurcht ein, machen uns demütig, wenden sich an den inwendigen, geistlichen Menschen in uns, wirken Sündenerkenntnis und Buße, fordern zum Gehorsam gegen Gottes Gebot auf.

9. Kapitel: **Formen okkulter Beeinflussung**

Okkultes Geschehen

Der Begriff des Okkulten wird unterschiedlich verstanden. Da gibt es zunächst den wissenschaftlichen Forschungsbereich der Parapsychologie. Sie untersucht Phänomene wie außersinnliche Wahrnehmung, Hypnose, Telepathie, Telekinese, Hellsehen, Voraussehen, Gedankenlesen, Materialisation, Doppelgänger, Erscheinungen von Toten u.ä. Bei der Erforschung dieser Phänomene geht es ausschließlich um einen Erkenntnisakt. Man will wissen, ob es derartige außersinnliche oder übersinnliche Vorgänge wirklich gibt und ob sie auf besondere Fähigkeiten der menschlichen Seele oder des Unbewußten beruhen, gegebenenfalls wie sie sich bei Menschen mit solchen Fähigkeiten erweisen. Die Untersuchungen werden nach rein wissenschaftlichen Maßstäben vorgenommen. Eine Einwirkung von unsichtbaren Mächten wird abgelehnt, da ein solcher Erklärungsversuch als unwissenschaftlich anzusehen ist.

Ein anderer Bereich von okkulten Phänomenen wird angesprochen, wenn es sich nicht so sehr um Erkenntnis als vielmehr um ein Verlangen nach Hilfe handelt. Man möchte in einer konkreten Situation, etwa in Krankheit, Not, Angst, Ungewißheit, Unzufriedenheit, schnell und wirksam geholfen haben. Statt zum Arzt oder zum Seelsorger gehen viele Menschen lieber zu einem magisch arbeitenden

»Helfer«, der mittels okkulter Praktiken (die oft nicht als solche zu erkennen sind) Hilfe schaffen soll: Heilung bei Krankheit, Schutz in Not, Erfolg im Leben, Wissen um die Zukunft, Vergeltung an Mitmenschen. Diese magisch arbeitenden Helfer sprechen im allgemeinen davon, daß ihre Gabe zu heilen, die Zukunft zu erkennen oder andere Menschen zu beeinflussen, »göttlichen« Ursprungs sei.

Das Wort »okkult« kommt aus dem Lateinischen und bedeutet: verborgen. Mit dem entsprechenden griechischen Wort »kryptos« wird in der griechischen Übersetzung des Alten Testaments und im griechischen Text des Neuen Testaments zunächst alles bezeichnet, was der unsichtbaren Welt angehört, sowohl das verborgene Gute wie das verborgene Böse (vgl. Kapitel 8), weil das Unsichtbare dem Menschen völlig uneinsehbar ist. So wird uns gesagt: »Was verborgen ist, ist des Herrn, unseres Gottes; was aber offenbar ist, das gilt uns und unseren Kindern ewiglich.«[89] Als verborgen wird aber auch angesehen, was Menschen verheimlichen wollen, vor allem ihre Gedanken. Paulus verweist auf den Tag, da Gott das Verborgene der Menschen durch Jesus Christus richten wird[90], und er ermahnt: »Richtet nicht vor der Zeit, bis der Herr kommt, welcher wird ans Licht bringen, auch was im Finstern verborgen ist, und wird das Trachten der Herzen offenbar machen.«[91]

Im Raum der falschen vertikalen Hoffnung und der damit verbundenen Seelsorge an belasteten Menschen wird das Wort okkult in seiner Bedeutung eingeschränkt auf das im Reich der Finsternis Verborgene: zum einen auf die menschlichen Versuche, in das Unsichtbare (die »Überwelt«) einzudringen (vgl. Kapitel 1), zum andern auf die Einwirkungen böser Geister und Mächte ins Sichtbare hinein. Einflußmöglichkeiten solcher Art auf Menschen bestehen in mannigfacher Weise. In ihrem Ursprung erkennbar

[89] 5. Mose 29,28
[90] Röm. 2,16
[91] 1. Kor. 4,5

sind sie für Menschen, die im festen Glauben an Jesus Christus stehen und von ihm her durch steten Gebrauch »geübte Sinne empfangen haben zur Unterscheidung des Guten und Bösen«[92]. Nach meiner Erfahrung sind es im wesentlichen fünf Gebiete, auf denen sich Einwirkungen unsichtbarer Mächte zeigen. Ich bezeichne sie als

Anfechtungen bzw. Versuchungen
okkulte Belastungen
okkulte Bedrohungen
Formen von Umsessenheit
Formen von Besessenheit.

In dieser Reihenfolge sind die Einflüsse nach zunehmender Stärke geordnet. Jedes Gebiet umfaßt mehrere Spielarten, und die Grenzen sind fließend. Die Machenschaften einer so vitalen und listenreichen, nur auf Lüge und Täuschung bedachten Macht, wie es der Widersacher Gottes ist, sind nicht in ein System zu bringen. Es gibt aber Unterschiede. Diesen habe ich Ausdruck zu geben unternommen. Zu jedem der genannten Gebiete will ich einige charakteristische Kennzeichen und Empfehlungen für seelsorgerliche Hilfe geben.

Anfechtungen bzw. Versuchungen

Indem ich mich hierbei auf gläubige Menschen beschränke, verstehe ich darunter jede Verlockung, die von den vier Kraftquellen abschneiden will, aus denen der Glaubende lebt: der Apostel Lehre, die Gemeinschaft, das Brotbrechen und das Gebet.[93] Es sind vornehmlich drei Richtungen, aus denen Verlockungen kommen, und drei Ziele im Menschen, auf die sich der Angriff richtet: Versuchungen vom Fleische her auf den Leib, Versuchungen von der Welt her auf die Seele und Versuchungen vom Teufel her auf den Geist des Menschen. Versucher ist im Grunde stets der Teu-

[92] Hebr. 5,14
[93] Apg. 2,42

fel, aber er versteht es meisterlich, sich verborgen zu halten. Hinter den Begierden, die mit Lust und Genuß auf den Leib zielen; hinter den Maßstäben der Welt, die mit Ehrgeiz, Geltungssucht, Streben nach Besitz, nach Macht und Einfluß auf die Seele zielen; hinter jeder Kritik an Gott und seiner Liebe, die mit Zweifeln an der Bibel, Verzagtheit im Glauben, Müdigkeit zum Beten, Murren über schweres Leid auf den Geist zielen – hinter allem steckt der Widersacher Gottes, der den Glaubenden vom Weg des Glaubens abbringen will.

Versucher ist niemals Gott. Die Grundsituation jeder Versuchung ist die, daß Gott uns – scheinbar – allein läßt und damit dem Widersacher die Möglichkeit gibt, getarnt oder offen mit seinen Listen und Verlockungen an den Glaubenden heranzukommen. Nicht die Versuchung, wohl aber die Situation der Versuchung kommt von Gott – als ein Mittel, uns zu erproben, uns im Glauben zu dem hin wachsen zu lassen, der das Haupt ist, Jesus Christus. Ziel ist die Heiligung. Deshalb sagt Jakobus: »Achtet es für lauter Freude, wenn ihr in mancherlei Anfechtung fallet, und wisset, daß euer Glaube, wenn er bewährt ist, Geduld wirkt.«[94] Wie man die drei Arten von Anfechtungen genauer kennzeichnen und durch das Kreuz Jesu auch überwinden kann, habe ich an anderer Stelle ausführlich dargestellt.[95] Dort sollte man es nachlesen. Einen Auszug bringe ich hier in Kapitel 12.

Die Aufgabe eines Seelsorgers bei einem Angefochtenen besteht lediglich darin, ihm zu helfen, die Art seiner Anfechtung zu erkennen – ob auf den Leib, auf die Seele oder auf den Geist gerichtet; sie können auch gemischt auftreten – und ihm die richtige Abwehrhaltung zu nennen, wie sie in dem genannten Taschenbuch und auszugsweise in Kapitel 12 angegeben ist. Gegebenenfalls hat er eine Beichte abzu-

[94] Jak. 1,2–3

[95] *H. Rohrbach,* Anfechtungen und ihre Überwindung, TELOS-Taschenbuch 150, Verlag d. Ev. Gesellschaft f. Deutschland, 5. Aufl. Wuppertal 1982

nehmen und die Vergebung im Namen Jesu zuzusprechen und mit ihm und für ihn zu beten. Hier aber von irgendwelchen Geistern zu reden und gebieten zu wollen, ist völlig fehl am Platze. Bei den genannten Anfechtungen geht der Teufel stets mit Fernwirkung vor. Ein Gebieten würde die Geister erst herbeirufen. Der Angefochtene kann und soll sich selbst mit dem Worte Gottes wehren. Er soll erfahren, daß das Wort vom Kreuz eine Gotteskraft ist, die er in Anspruch nehmen darf.

Okkulte Belastungen

Unter einer okkulten Belastung ist eine Trübung im Befinden des Menschen zu verstehen, die sich vor allem auf Seele und Geist erstreckt. Fehlen von Freude im Glauben und am Leben, Mangel an Glaubenskraft und Heilsgewißheit, Ablehnen von Vergebung, sowie Zweifel, Unruhe, Angst, bis hin zu Selbstmord- und Lästergedanken und manche andere seelisch-geistige Gleichgewichtsstörung können auftreten. Eine solche Belastung entsteht im allgemeinen durch Hinwendung zu Mächten der Finsternis mit aktiver oder passiver Inanspruchnahme von Hilfe, sei es durch den Betroffenen, sei es von seiten der Voreltern oder des Ehepartners, sei es spielerisch oder ernst, sei es wissentlich oder unwissentlich. Der Feststellung einer okkulten Belastung muß eine *sehr sorgfältige und behutsame* Prüfung der ganzen Lebensumstände des Betroffenen bis zu den Großeltern vorangehen – eine äußerst verantwortungsvolle Aufgabe des Seelsorgers.

Die in Kapitel 1 geschilderten okkulten Verhältnisse der Gegenwart haben zur Folge, daß okkulte Belastungen immer häufiger auftreten. Ich bringe daher eingehende Hinweise zum Erkennen sowie über Entstehung und Befreiung von okkulter Belastung in den Kapiteln 12 und 13. Schon hier muß aber gesagt werden, daß zu Gebeten um Befreiung *kein* Gebieten gehört, weil keine Geister zu vertreiben sind. Das Gebieten ist ausschließlich Waffe im *Nahkampf* mit Geistern, d.h. im Falle von Umsessenheit oder Besessenheit. Okkulte Belastung hat mit diesen Zuständen nichts zu tun, trotz möglicher Lästergedanken. Die Ursachen der Belastungen liegen im allgemeinen weit in der Vergangenheit, und noch spürbare Einwirkungen auf Seele und Denken geschehen aus der Ferne. Ein Gebieten zur unrechten Zeit ruft Geister nur herbei, statt sie zu vertreiben. Es ist höchst bedauerlich, daß Seelsorger in falscher Erkenntnis einen belasteten Menschen durch monatelanges sinnloses Gebieten – was leider vorkommt – nur tiefer in Belastungen hineintreiben, was dazu führt, daß die Betroffenen mit Psychosen in Nervenkliniken eingeliefert werden müssen.

Okkulte Bedrohungen

Hier geht es um Menschen, belastete und unbelastete, aber meist gläubige, die aus Gründen, die jeweils aufzudecken sind, unter Beschuß stehen. Bildlich gesprochen: Der Böse schießt, mittelbar über andere Menschen, die dem Bösen hörig sind, schädliche Pfeile auf ihr Opfer ab. Ich zitiere dazu Psalm 64,1–5:

> Höre, Gott, meine Stimme in meiner Klage. Behüte mein Leben vor dem schrecklichen Feinde, verbirg mich vor den Anschlägen der Bösen, vor dem Toben der Übeltäter, die ihre Zunge schärfen wie ein Schwert. Mit ihren giftigen Worten zielen sie wie mit Pfeilen, daß sie heimlich schießen auf den Frommen. Plötzlich schießen sie auf ihn, ohne alle Scheu.

Böse Menschen, d.h. Menschen, die mit dem Bösen im Bunde stehen, schießen mit Worten, die wie giftige Pfeile sind, auf andere Menschen. Es ist teuflische Kraft in menschlichem Haß, die diesen Menschen-Worten die Kraft geben, auf den Beschossenen destruktiv einzuwirken. Meist werden Zaubersprüche aus dem sogenannten 6. und 7. Buch Mose angewandt, das nichts mit Mose oder mit der Bibel zu tun hat.

Es ist unbegreiflich, wie sich Menschen in ihrem Haß auf lästige Mitmenschen, oft aus der Verwandtschaft, so als Werkzeug des Teufels mißbrauchen lassen. Es werden Schmerzen angewünscht oder Schlaflosigkeit, süchtige Abhängigkeit von Alkohol oder Drogen, Unfälle oder Selbstmordversuche. In der Wohnung kommt es zu Infestationen (Spukerscheinungen und unangenehmen Einwirkungen auf alle Sinne). Geistliche Beschäftigung (Bibellesen, Gebet) wird durch Unkonzentriertheit oder lästerliche Gedanken gestört. Selbst der Fluch einer verstorbenen Großmutter, die ihre Tochter wegen unerwünschter Heirat mit ihren Nachkommen verflucht hat, wirkt sich beim erwachsenen Enkelkind aus mit Beeinträchtigung der Gesundheit und unkontrollierbarer Beschädigung von Gegenständen in der Wohnung und am Arbeitsplatz. Es sind Anschläge des Bösen, des »schrecklichen Feindes«, der Menschen benutzt und sie stolz macht auf die unheimliche »Macht«, die sie haben. Man denke an die Fernsehsendung mit dem schokkierenden Titel: »Ich töte, wenn Satan es befiehlt.« Hierin stellte sich eine Hexe zur Schau, die behauptete, Menschen in den Tod gehext zu haben.

Die Hilfe, die der Seelsorger einem okkult Bedrohten mit Gebet und Fürbitte geben kann, hat sich an folgenden Schriftworten zu orientieren:

a) Ein unverdienter Fluch trifft nicht[96], d.h. es muß geprüft werden, inwiefern ein verdienter Fluch vorliegen kann, vielleicht durch eine okkulte Belastung.

b) In Psalm 64,8–9 heißt es: »Da trifft sie Gott mit dem Pfeil. Plötzlich sind sie zu Boden geschlagen, die, die da schießen. Ihre eigene Zunge bringt sie zu Fall, daß ihrer spotten wird, wer sie sieht.« Damit wird gesagt, daß Gott, wenn die Zeit gekommen ist, Hilfe geben wird, indem er selbst die giftigen Pfeile auf den, der da schießt, zurückschleudert. Um diese Hilfe darf also gebetet werden: Herr, laß die Zeit deines Eingreifens bald gekommen sein!

[96] Spr. 26,2

c) »Vor allem ergreift den Schild des Glaubens, mit dem ihr alle feurigen Pfeile des Bösen auslöschen könnt.«[97] Es sollte also ein Gebetskreis für den Bedrohten eingerichtet werden, der durch seinen Glauben die Pfeile des Bösen auslöschen hilft. Der Schild des Glaubens gehört zur Waffenrüstung Gottes.

d) David zu Goliath: »Du kommst mit Schwert, Lanze und Spieß. Ich komme im Namen des Herrn Zebaoth, den du verhöhnst.«[98] In diesem Sinne darf man beten: »Herr Jesus, du bist der Stärkere. In deinem Namen bitte ich: Nimm dem Bedroher (Namen!) die Macht, weiter auf den Bedrohten (Namen!) einzuwirken. Ja, nimm bitte Satan die Macht, über den Bedroher (Namen!) weiter auf den Bedrohten einzuwirken. Dein ist der Sieg! Amen.«

Man hat sich auf einen langen Kampf einzustellen, aber fest auf den Sieg Jesu zu vertrauen. Wenn der Bedrohte glauben kann oder über den Angriffen zum Glauben kommt, kann er in gleichem Sinne betend mitkämpfen.[99] Auch in diesem Kampf heißt die Losung: Beten und Fasten! Dabei bedeutet »fasten« hier: in Geduld warten, bis Jesus dem Kampfe ein Ende setzt.

Der Seelsorger muß auch lernen, der Taktik des Feindes zu begegnen. Auf Gebete für okkult Bedrohte reagiert der Feind, unter Umständen heftig, und schlägt zurück. Es gilt, anhaltend betend zu kämpfen, aber nie aus eigener Kraft, auch nicht durch Gebieten. Der Feind versteht zu täuschen, läßt Ruhepausen eintreten, um bei nachlassendem Gebet erneut anzugreifen – immer über den Bedroher, der mit dem Feind im Bunde und dessen Sklave ist. Sein Name ist dem Bedrohten im allgemeinen bekannt; andernfalls sollte er erbetet werden.

[97] Eph. 6,16
[98] 1. Sam. 17,45
[99] Hebr. 12,1–2; Ps. 143

Umsessenheit und Besessenheit

Ich gehe auf diese beiden Phänomene gemeinsam ein, da sie manches in übereinstimmender Weise zeigen und auseinander besser zu verstehen sind. In beiden Fällen hat man es direkt mit Geistern zu tun, mit Teufeln, Dämonen und unsauberen Geistern. Ihr Einfluß ereignet sich hier nicht mehr als Fernwirkung, wie bei den bisher betrachteten Phänomenen, sondern unmittelbar *um* oder *in* dem Betroffenen. Der Kampf um dessen Befreiung ist daher ein *Nahkampf* des Seelsorgers mit den Geistern, und zwar ein harter und oft lang andauernder. Im Bilde gesprochen gleicht der *Um*sessene einer belagerten Stadt, in der Störungen durch *Angriffe von außen* hervorgerufen werden und die durch feindliche Stoßtrupps bedrängt wird. Der *Be*sessene aber gleicht einer eroberten Stadt, die vom Feinde völlig besetzt ist und *von innen* her beherrscht wird.

Umsessenheit kann sich in dreierlei Formen äußern. Zunächst in der Umgebung des Umsessenen durch Infestationen (Spukerscheinungen) mannigfacher Art. Sodann durch Angriffe auf den Umsessenen, durch Schlagen und Verwunden seines Körpers, wobei die Geister, wie bei allem anderen, unsichtbar bleiben. Schließlich durch Einwirkungen von außen auf das Gehirn: etwa Lähmung bestimmter Fähigkeiten, Vernebelung des Denkens, Hervorrufen von Halluzinationen, Wecken von Begierden, Anstiften zu Lästerungen u.a. Es kann auch vorkommen, daß ein Teufel kurzfristig *in* den Umsessenen einfährt und damit die inneren Einwirkungen hervorruft.

Bei der *Besessenheit* ist zunächst klarzustellen, daß der Teufel, Dämon, Geist – es können auch mehrere sein – *ständig im* Besessenen gegenwärtig ist. Sodann sind auch hier drei Zustände zu unterscheiden: der ruhige Zustand, d.h. der Teufel im Besessenen verhält sich ruhig, ein Zustand, in dem der Besessene völlig normal erscheint, seinem Beruf nachgehen kann und durch nichts auffällt. Dann der Krisenzustand, in dem sich der Teufel voll einschaltet, während der Besessene in Trance nach Verstand und Willen völlig ausgeschaltet ist und sich später auch an nichts mehr erinnern kann. Und schließlich der Zwischenzustand ohne teuflische Aktivität, eine Art Benommenheit, in der der Besessene aus dem Krisenzustand langsam in den Normalzustand zurückfindet. Der Krisenzustand zählt nach Stunden, die Benommenheit nach Minuten; beides aber wiederholt sich im Wechsel mit dem Normalzustand, oft über Jahre hinweg, solange noch Teufel in dem Besessenen wohnen oder neu in ihn einfahren dürfen.

Die charakteristischen Kennzeichen einer Besessenheit treten nur im Krisenzustand auf. Die drei wichtigsten sind:

a) Reden und Verstehen von für den Besessenen unbekannten Sprachen.

b) Wissen um Entferntes und Verborgenes, sowohl in räumlicher wie in zeitlicher Hinsicht.

c) Außergewöhnliche Kräfte.

Zusätzlich können auch Infestationen beobachtet werden und manche andere Besonderheit. Charakteristisch ist inbesondere die Spontaneität und Intensität der Erscheinungen; ohne jede Übung, ohne jede Vorbereitung treten sie auf, sind plötzlich da, ebenso plötzlich wieder weg. Auffällig ist gerade dieser Wechsel. Das alles macht deutlich, daß man es mit Willensäußerungen eines Wesens zu tun hat, das über ganz andere Fähigkeiten verfügt, als der Besessene sie hat.

Zur Unterscheidung eines Besessenen oder Umsessenen von einem Geistes- oder Nervenkranken gibt es *keine* rationalen Kriterien. Alle diese Phänomene können in der einen oder anderen Form bei einem psychisch oder geistig Kranken ebenso oder ähnlich auftreten. Mit wissenschaftlichen Erkenntnissen oder Methoden ist bei Umsessenheit oder Besessenheit keine Klärung zu erhalten. Helfen kann in vielen Fällen die Gabe der Geisterunterscheidung. Auf jeden Fall ist aber ein klares Wissen um die unsichtbaren Mächte und eine seelsorgerliche Erfahrung mit ihren Einwirkungen auf Menschen erforderlich. Ein eindeutiges Kennzeichen für Besessenheit ist nur der sogenannte *Probeexorzismus.*

Die Gegenmaßnahme des Seelsorgers beim Kampf zur Befreiung des *Besessenen* durch Jesus ist der *Exorzismus,* d.h. das Gebieten im Namen Jesu zum Ausfahren. Der (oft zu wiederholende) Exorzismus beginnt mit dem Eintreten des Krisenzustandes und hat zunächst das Ziel, durch Gebieten im Namen Jesu die Anzahl der innewohnenden Geister, den Namen des anführenden Geistes und Tag und Stunde des von Jesus festgelegten Termins des Ausfahrens zu ermitteln. Zu diesem Zeitpunkt setzt dann das Gebieten im Namen Jesu zum Ausfahren der innewohnenden Geister ein mit dem Gebot, daß der letzte, der ausfährt, ein ihm auferlegtes Zeichen zu geben hat, etwa ausrufen muß: Jesus ist Sieger! Nicht zu vergessen ist schließlich das Gebot, an *den* Ort zu fahren, den Jesus ihnen bestimmt, und niemals wieder zurückzukehren.

Jeder Exorzismus beginnt mit Lobpreis und Anbetung Jesu, und das Gebieten wird immer wieder unterbrochen von Gebeten und Schriftlesungen zur Ehre Jesu und des lebendigen Gottes über all ihren großen Taten. Als Gebete eignen sich u.a. die Psalmen 54, 35, 68, als Schriftlesungen die Berichte der Evangelien über Befreiung Besessener durch Jesus. Jeder Exorzismus schließt mit einem Dankgebet.

Die Gegenmaßnahme des Seelsorgers bei einem *Umsessenen* ist auch ein Gebieten im Namen Jesu, aber nicht zum Ausfahren von Geistern (weil dem Umsessenen keine innewohnen), sondern zum Weichen, zum Ablassen von dem Besessenen. Und dazu kommen auch hier der Lobpreis Jesu und Psalmgebete sowie das Gebot zu gehen, wohin Jesus die Geister schickt, und nicht zurückzukehren. Besessenheit geht gegen Ende des (meist jahrelangen Kampfes) häufig in eine Umsessenheit über. In beiden Fällen muß man immer mit raffinierten Täuschungsmanövern der Geister rechnen.

Notwendige Hinweise

Der Hilfesuchende soll vom Seelsorger sehr bald erfahren, von wem er die eigentliche Hilfe erwarten darf: von Jesus. Der Seelsorger stellt sich mit seinen Gaben Jesus nur als Mittler, nur als Knecht zur Verfügung, gibt ihm allezeit die Ehre. Das trägt dazu bei, daß sich der Hilfesuchende nicht stärker als nötig an den Seelsorger bindet, sondern ganz an Jesus.

Einem noch nicht an Jesus Glaubenden gegenüber muß der Seelsorger (außer bei einem Besessenen) die hier empfohlene tiefer gehende Seelsorge zurückstellen und zunächst danach trachten, bei ihm den Glauben an Jesus zu wecken, d.h. seine Situation vor Gott anhand des Evangeliums zu klären.

In bezug auf Besessenheit muß klargestellt werden: Besessenheit kommt vor, ist aber selten. Sie kann nur eintreten, wenn Jesus sie zuläßt. Und *er* ist es, der bei einem Exorzismus die Geister ausfahren läßt, nicht der Gebietende. Und bei jedem Besessenen hat nur ein von Jesus dazu beauftragter Exorzist die Vollmacht zum Gebieten. Besessener und Exorzist werden von Jesus zu seiner Zeit zusammengeführt. Diese Ordnung wird von Seelsorgern kaum beachtet. Aber wir haben immer daran zu denken, daß der Jünger nicht selbständig und nicht über den Meister ist.

Bescheidener und sachgemäßer gesagt: Der Jünger bleibt stets hinter dem Meister zurück. Gewiß kann Jesus einem Seelsorger schenken, daß er im Namen Jesu Dämonen austreibt, in neuen Zungen redet, Schlangen (d.h. Anfechtungen) vertreibt, Kranke heilen wird u.a.[100] Aber daneben gilt das klare Wort Jesu: »Es werden nicht alle, die zu mir sagen: Herr, Herr! in das Himmelreich kommen, sondern die den Willen tun meines Vaters im Himmel. Es werden viele zu mir sagen an jenem Tage: Herr, Herr, haben wir nicht in deinem Namen geweissagt? Haben wir nicht in deinem Namen böse Geister ausgetrieben? Haben wir nicht in deinem Namen große Taten getan? Dann werde ich ihnen beken-

[100] Mk. 16,17–18

nen: Ich habe euch nie gekannt; weichet von mir, ihr Übeltäter!«[101]

Unser Dienst für Jesus steht oft unter dieser Spannung: Arbeiten wir wirklich im Namen Jesu? Trauen wir uns nicht alles selbst zu? Maßen wir uns nicht oft etwas an, wozu wir keinen Auftrag haben? Jedenfalls werden wir des öfteren nichts erreichen, werden nicht helfen, nicht heilen können, müssen Hilfesuchende ohne Hilfe weggehen lassen. Und wenn Gelingen geschenkt wird, braucht es ein Vieles mehr an Zeit, an Kraft und Geduld, als nach den biblischen Berichten damals erforderlich war. Jesus brauchte nur zu beten für einen leidenden Menschen, brauchte ihm nur die Hand aufzulegen oder nur den Dämonen zu gebieten, und dem Menschen war geholfen. Meinen wir, wir könnten in seinem Namen in gleicher Weise wirken? Seien wir demütig und bescheiden! Jesus ist und bleibt der Herr, der trotz allen Betens und Fastens unsererseits darüber befindet, ob und wann er durch uns etwas geschehen lassen will.

Gewarnt werden muß auch vor Menschen, die sich selbst als besessen bezeichnen und mit allerlei Bewegungen und Schreien (wie sie sich Besessenheit vorstellen) dem Seelsorger etwas vorführen, um Eindruck zu machen und Zuwendung zu erreichen. Einige lesen dazu einschlägige Bücher. Aber ein wirklich Besessener leidet zwar unter manchen Erscheinungen, weiß jedoch selbst so gut wie nichts von seiner Besessenheit.

In allem ist der Jünger abhängig von seinem Herrn und von dessen Beauftragung zum Dienst. Darunter wollen wir Seelsorger uns allezeit beugen. Jesus sagt sehr deutlich: »Ohne mich könnt ihr nichts tun.«[102] Und ferner: »Wenn ihr alles getan habt, was euch befohlen ist, so sprechet: Wir sind unnütze Knechte; wir haben getan, was wir zu tun schuldig waren.«[103] Damit legen wir allen Dienst für Jesus zurück in seine Hände, damit er daraus nach seinem Wohlgefallen das Richtige werden lasse.

[101] Matth. 7,21–23 [102] Joh. 15,5 [103] Luk. 17,10

III. Abschnitt

Bewahrung durch die Macht Jesu

10. Kapitel: **Jesu Kampf und Sieg**

Jesu Sterben eine Hingabe

Als Glaubende und als Noch-nicht-Glaubende dürfen wir wissen, daß Jesus durch sein Leiden und Sterben Hölle, Tod und Teufel überwunden hat. Was aber ist damit gemeint und wie ist es geschehen? Vor allem als Glaubende sollten wir davon Genaueres wissen und bezeugen.

In der Formulierung »Hölle, Tod und Teufel« ist »Hölle« wieder als »Totenreich« zu verstehen. In den entsprechenden Bibelstellen[1] ist stets vom Totenreich *(hades)* und Tod *(thanatos)* die Rede, wenn man den griechischen Grundtext heranzieht. Entsprechend ist mit 1.Joh. 3,8; Hebr. 2,14; Offb. 20,2 und 10 zu belegen, daß mit »Teufel *(diabolos)*« Satan gemeint ist. Der Tod ist, wie die Mächte und Gewaltigen der Finsternis, eine personhafte Macht, die Satan untersteht.[2] Jesus hat als Zeichen des Stärkeren die Schlüssel des Todes zum Totenreich[3] und wird im Gericht die Vernichtung von Tod, Totenreich und Satan im feurigen Pfuhl herbeiführen.[4] Damit wird das Urteil vollstreckt, durch das der Fürst dieser Welt auf Golgatha gerichtet ist[5]; seine Macht wird dann endgültig ausgeschaltet sein.

Jesu Kommen auf die Erde war gewiß ein Kommen zur Erlösung für viele, aber ebenso gewiß ein Kommen zum Gericht, daß er die Werke des Teufels zerstöre und der Fürst dieser Welt gerichtet werde. Damit das erfüllt werde, sollte er sterben. Von da her ist *das Wichtigste am Leben Jesu sein Sterben.* Sein Leben mit Lehren und Wirken ist für uns un-

[1] 1.Kor. 15,55; Offb. 1,18; 20,13–14
[2] Offb. 20,13; Hebr. 2,14
[3] Offb. 1,18
[4] Offb. 20,10.13–14
[5] Joh. 12,31; 16,11

erläßlich, ist im Grunde aber nur das Vorspiel für seine eigentliche Sendung. Erst sein Tod bringt die Erfüllung seines Lebens, in der Ausdrucksweise der Kirchenväter: *mors compendium vitae.* Dies zeigt zum einen die dreimalige Leidensankündigung[6], zum anderen Jesu bewußte Hingabe an den Tod. Er fordert Judas auf, ihn auszuliefern.[7] Er gibt sich den Häschern ohne Widerstand in die Hände.[8] Er zwingt durch sein Verhalten Pilatus zum Urteilsspruch.[9] So war der Tod nichts Überraschendes für Jesus, sondern von ihm gewollt und herbeigeführt, wie es vom Vater vorgesehen war.

Jesus hätte als Gottessohn nicht zu sterben brauchen. Wie Henoch oder Elia hätte er ohne Tod von der Erde hinweggenommen werden können. Denn er hatte Gottes Wohlgefallen.[10] Jesus hätte als Menschensohn nicht so zu sterben brauchen, wie es geschah – am Kreuz, d.h. am Fluchholz, aufgehängt zwischen zwei Mördern, preisgegeben der Verachtung und dem Spott der Menschen. Beides aber, sein Tod und ein solcher Tod, war sein Auftrag, und Jesus gehorchte dem Willen des Vaters. Er war gehorsam bis zum Tode, ja zum Tode am Kreuz.[11] Und er hat den Gehorsam gelernt an dem, das er litt.[12]

Jesu Sterben ein Kampf

Das Wichtigste am Sterben Jesu ist sein Kampf, *der Kampf gegen den Widersacher Gottes.* Jesus beschreibt ihn zuvor bildhaft mit den Worten: »Wenn ein Starker gewappnet seinen Palast bewacht, so bleibt das Seine in Frieden. Wenn aber ein Stärkerer über ihn kommt und überwindet ihn, so nimmt er ihm seinen Harnisch, darauf er sich verließ, und teilt den Raub aus.«[13] Satan ist ein starker Gewappneter. Jesus aber ist stärker und hat ihn überwunden: »Er hat die Reiche und die Gewaltigen ihrer Macht entkleidet und sie

[6] Matth. 16,21; 17,22–23; 20,18–19
[7] Joh. 13,27
[8] Joh. 18,4–8
[9] Joh. 19,10ff.
[10] Mk. 1,11
[11] Phil. 2,8
[12] Hebr. 5,8
[13] Luk. 11,21–22

öffentlich zur Schau gestellt.«[14] Das ist am Kreuz von Golgatha geschehen. Zuvor aber tobte ein Kampf, in dem Satan aufs heftigste als Versucher auftrat und Jesus von dem Weg des Gehorsams abzubringen versuchte.[15] Doch war von diesem Kampf im Sichtbaren wenig zu spüren. Er spielte sich in erster Linie im Unsichtbaren ab.

Seinen Höhepunkt erreichte die Auseinandersetzung in den letzten Lebensstunden Jesu. Da kam es zu dem schweren *Gebetskampf in Gethsemane.* Hier spürt man den biblischen Berichten ab, wie betrübt und verzagt Jesus gewesen ist.[16] Besonders aufschlußreich ist die Aussage des Hebräerbriefs: »Und er hat in den Tagen seines Fleisches Gebet und Flehen mit starkem Geschrei und Tränen geopfert dem, der ihn konnte von dem Tode aushelfen; und ist auch erhört, darum daß er Gott in Ehren hielt.«[17] Satan wußte wie Jesus, daß der Weg ans Kreuz im Willen des Vaters lag. Deshalb wollte er diesen Weg verhindern, indem er seinen Helfer, den Tod, nach Gethsemane zu Jesus schickte, daß er ihn dort umbrächte oder ihm zuflüsterte: Bring dich selbst um, dann entgehst du dem schimpflichen Tod einer Hinrichtung! Jesus aber rang mit dem Tode und blieb gehorsam. Daß es ein Ringen voller Angst war mit der Möglichkeit zu unterliegen, ist in dem Wort Agonia des griechischen Textes enthalten, ebenso in dem immer heftiger werdenden Gebet Jesu: »Vater, willst du, so nimm *diesen* Kelch von mir!« Dies hat der Vater erhört; in Gethsemane mußte der Tod weichen.

Die Jünger, auf deren Mitbeten Jesus gehofft hatte, haben versagt. Trotz mehrfachen Ermahnens Jesu versanken sie immer wieder in Schlaf.[18] Sie waren besten Willens, aber schwach. Satan war ihnen weit überlegen; er sandte ihnen den Schlaf.

[14] Kol. 2,15
[15] Luk. 4,13
[16] Matth. 26,37–38; Mk. 14,33–34; Luk. 22,44
[17] Hebr. 5,7
[18] Matth. 26,40–44; Mk. 14,37–41; Luk. 22,45–46

Der Kampf gegen die Widersacher erhielt seine Fortsetzung, als Jesus ans Kreuz geschlagen war. Erst die Vorübergehenden, dann die Hohenpriester samt den Schriftgelehrten und den Ältesten, schließlich die mit ihm gekreuzigten Mörder lästerten, verspotteten und schmähten ihn.[19] Auch da war der Versucher am Werk, der schon bei der Versuchung in der Wüste darauf aus war, Jesus zu einem Wunder zu veranlassen, das seine Gottessohnschaft beweisen sollte. In allem aber widerstand Jesus schweigend. Schließlich setzte der massive und brutale Angriff Satans mit all seinen Mächtigen und Gewaltigen ein, der sogar den Menschen, die von ferne standen, erkennbar wurde, ohne daß sie es begriffen haben.

Generalangriff der Finsternis

»Es war schon um die sechste Stunde, und es ward eine Finsternis über das ganze Land bis an die neunte Stunde. Und um die neunte Stunde schrie Jesus laut und sprach: Mein Gott, mein Gott, warum hast du mich verlassen?«[20] Lukas fügt hinzu: »Und die Sonne verlor ihren Schein, und der Vorhang des Tempels riß mitten entzwei.«[21] Diese Finsternis (zwischen 12 und 15 Uhr heutiger Tageszeit) war nicht, wie man meinen könnte, eine Sonnenfinsternis. Denn zum einen dauert eine solche nicht drei Stunden, zum andern steht der jüdische Kalender dagegen. Denn eine Sonnenfinsternis kann nur bei Neumond eintreten, wenn der Mond zwischen Sonne und Erde steht, also seine uns zugewandte Seite dunkel ist. Jesus wurde kurz vor dem Passahfest, das auf den 14. Nisan fällt, gekreuzigt. Da die Israeliten ihren Kalender nach einem Mondjahr ausrichteten, begann jeder Monat mit dem Neumondstag. Ist aber am 1. eines Monats Neumond, so ist am 14. des Monats Vollmond, dann also

[19] Matth. 27,39–44; Mk. 15,29–32; Luk. 23,35–39
[20] Matth. 27,45–46; Mk. 15,33–34
[21] Luk. 23,44–45

eine Sonnenfinsternis unmöglich. Deshalb darf man bei der in den Evangelien angegebenen Finsternis an eine Finsternis übernatürlichen Ursprungs denken. Das wird vom griechischen Grundtext her erhärtet, der für »Finsternis« das Wort *skotos* benutzt, das gleiche, das bei der Gefangennahme Jesu in Gethsemane verwendet wird, wo Jesus sagt: »Aber dies ist eure Stunde und die Macht der Finsternis.«[22]

So möchte ich annehmen, daß *in jenen drei Stunden die Augen der Dabeistehenden für das Unsichtbare soweit geöffnet wurden,* daß sie den Einbruch der Finsternis sahen. Nur Jesus aber nahm wahr, wie sich das gesamte Heer der Finsternismächte auf ihn stürzte, ihn bedrängte, quälte und versuchte mit allen Mitteln ihrer List, Bosheit und Brutalität – und das an dem durch körperliche und seelische Schmerzen aller Art geschwächten Leib des Gekreuzigten! Hier hat man Leiden und Versuchtwerden in eins zu sehen, wie es der Hebräerbrief aussagt: »Worin er selber gelitten hat und versucht ist, kann er denen helfen, die versucht werden.«[23] Ferner: »Wir haben nicht einen Hohenpriester, der nicht könnte mitleiden mit unserer Schwachheit, sondern der versucht ist allenthalben gleichwie wir, doch ohne Sünde.«[24] Im allgemeinen denkt man nur an die körperlichen Leiden Jesu am Kreuz, die überaus schwer waren. Aber sie waren nichts gegen die seelische und geistige Tortur, die Satan Jesus durch Menschen, die spottend vorübergingen, und durch seine dämonischen Heerscharen in jenen drei Stunden der Mittagsglut erleiden ließ. Sein ganzes teuflisches Heer hat er gegen Jesus losgelassen, um ihm noch in den letzten Minuten das Nein gegen Gott zu entreißen. Und *es ist ihm nicht gelungen! Jesus war und blieb der Stärkere, auch als Mensch* (der er am Kreuz nur war), *und hat Satan überwunden.*

[22] Luk. 22,53
[23] Hebr. 2,18
[24] Hebr. 4,15

Und dieser Sieg wurde erkämpft, obwohl Jesus ganz von Gott verlassen war. Er betete offenbar den Psalm 22. Dieser beginnt mit den Worten: »Mein Gott, mein Gott, warum hast du mich verlassen?« Das sollte allen, die die Schriften kannten und kennen, die Augen dafür öffnen, daß mit dem Geschehen am Kreuz wiederum ein Wort der Prophetie erfüllt ist. Warum aber war Jesus von Gott verlassen? Ich meine, die Antwort ist klar: Weil Gott die Sünden der ganzen Menschheit auf Jesus gelegt und ihn, der von keiner Sünde wußte, für uns zur Sünde gemacht hatte.[25] Deshalb hat Gott sich von Jesus zurückgezogen, denn die Heiligkeit Gottes verträgt keine Gemeinschaft mit der Sünde.[26] In den drei Stunden, in denen Jesus dem konzentrierten Angriff Satans ausgesetzt war, *war er wirklich nur Mensch.*

Nun erst konnte Satan an ihn heran und stieß zu mit allen Mitteln, die ihm zu Gebote standen. Gott aber ließ das zu! Denn dadurch widerfuhr dem Versucher die Gerechtigkeit, die ihm gebührte. *Er wurde von einem Menschen überwunden, einem Menschen nach Gottes Herzen.* Weil Satan im Paradies einen Menschen, der von keiner Sünde wußte, zum Ungehorsam gegen Gott verführt hatte, war es die angemessene, ihn tief demütigende Strafe, daß er von einem Menschen ohne Sünde überwunden wurde. So war es Gottes gerechter Wille, und deshalb mußte Jesus so sterben, wie es auf Golgatha geschah. Zugleich wurde so die Macht der Sünde gebrochen.

Das *Wichtigste am Kampfe Jesu war sein Sieg.* Er hat gegen Satan gesiegt und damit den Fürsten dieser Welt gerichtet. »Es ist vollbracht!« Dieses königliche Wort Jesu zeigt den Sieg an.[27] Was im einzelnen in diesem Kampf geschah, was überhaupt vor sich ging, verschweigen die Evan-

[25] Joh. 1,29; Jes. 53,5.6.11; 2.Kor. 5,21; 1.Petr. 2,24
[26] 2.Kor. 6,14
[27] Joh. 19,30

gelien. Sie berichten nur vom Einbruch der Finsternis und vom Sieg Jesu. Erst später, nach der Auferstehung Jesu, als er seinen Jüngern die Schriften auslegte, ging ihnen Näheres auf. So bezeugen erst die Briefe des Neuen Testaments die Bedeutung des Kreuzes. Auch der Hebräerbrief sagt mehr aus, wie bereits angeführt wurde. Von da her sollen wir wissen, was Jesus für uns gelitten und auf sich genommen hat. Nicht nur unsere Sünden, auch alle unsere Anfechtungen hat er an sein Kreuz hinaufgetragen und für uns gebüßt!

Wenn wir an seinen Tod denken, wie er es sich bei der Einsetzung des Abendmahls gewünscht hat, sollen wir in Dankbarkeit und Anbetung innewerden: Bei den Angriffen der Finsternismächte in Gethsemane und auf Golgatha *hat Jesus alle unsere Anfechtungen zutiefst erfahren, durchlitten und überwunden.* Dazu gehören alle Begierden, Leidenschaften, Zweifel; alle Selbstsucht, Eitelkeit, Hoffart; alle Schmerzen, Leiden, Ängste; alle Unterdrückung, Zurücksetzung, Verfolgung; alle Verleumdung, Trübsal, Verzweiflung; aller Stolz, Geiz, Neid; aller Haß, Unfrieden, Mord; alle Ungerechtigkeit, Brutalität, Lästerung; alles gegen Gottes Willen Gerichtete. Und jedes hat Jesus so intensiv erfahren und erlitten, daß wir es jahrelang erleiden müßten, um es nachempfinden zu können. Für einen jeden Menschen hat Jesus das auf sich genommen und damit die Welt und den Feind überwunden. Deshalb vermag er in alledem jedem zu helfen, der sich von ihm helfen lassen will. Und wer als Glaubender in Anfechtung gerät, braucht Jesus nur zu bekennen, worum es geht, und ihn um seinen Beistand zu bitten, d. h. den Bereich der Anfechtung bewußt und freiwillig unter die Herrschaft Jesu zu geben. Jesus kann jedem, der ernsthaft will, die Kraft zur Überwindung der Anfechtung geben. Wer sich danach ausstreckt, wird erfahren, daß es gilt, was die Bibel sagt: »Das Wort vom Kreuz ist eine Gotteskraft uns, die wir selig werden.«[28]

[28] 1. Kor. 1,18

Wir wollen also festhalten: Das Wichtigste am Leben Jesu ist sein Sterben, das Wichtigste an seinem Sterben ist sein Kampf, das Wichtigste an seinem Kampf ist sein Sieg. In diesem Sinne ist Jesu Tod die Erfüllung seines Lebens, die Vollendung des Auftrags, zu dem ihn der Vater gesandt hatte. *Nicht nur, daß er starb, sondern daß er kämpfend und siegend sein Leben dahingab, ist das Opfer, das er brachte, ist der Grund für unsere Errettung und für seine Verherrlichung.*

Doch auf welchem Hintergrund spielte sich das alles ab? Warum war es notwendig, daß er ein Leben in Niedrigkeit unter Menschen führte und dann sein Leiden, Sterben und Kämpfen auf sich nahm? Ursache ist das menschliche Verlorensein und der göttliche Wille, jeden Menschen daraus zu erretten. Im Garten Eden war es der erste Adam, der durch seinen Ungehorsam, durch sein Nein zu Gott die Trennung des Menschen von Gott herbeiführte. Diese Sonderung zwischen Mensch und Gott ist die Sünde, in der seitdem alle Menschen leben.[29] *Dieses Nein des ersten Adam ist von Menschen her nicht aufhebbar.* Nur Gott kann es auslöschen. Daher war ein besonderer Weg zu ersinnen und zu bahnen, den Gottes Liebe und Gottes Gerechtigkeit in gleicher Weise gutheißen konnten – ein Weg, auf dem die Errettung der Menschen zu verwirklichen war. Diesen Weg ging Jesus, dieser Weg ist Jesus.

Im Garten Gethsemane hat er als der zweite Adam sein Ja zu Gott gesprochen, indem er nach dem Willen Gottes den Weg zum Kreuz und ans Kreuz ging und sich sein Ja zu Gott auch nicht unter dem mörderischen Ansturm aller Finsternismächte entreißen ließ. *Seitdem gilt, daß eines Menschen Ja zum Ja Jesu für ihn das Nein des ersten Adam aufhebt und in die Gemeinschaft zu Gott zurückführt.* Einen anderen Weg zur Versöhnung mit Gott gibt es nicht.[30] Nur

[29] Röm. 5,12
[30] Röm. 5,18; 1.Joh. 2,2; Joh. 14,6

das Ja zum Ja Jesu in Gethsemane und am Kreuz, durch seinen siegreichen Kampf und Gehorsam bis zum Tode besiegelt, gibt uns die Rechtfertigung, die vor Gott gilt.[31]

11. Kapitel: **Der Mensch und sein Gewissen**

Der Mensch vor dem Sündenfall

Als Gott den Menschen schuf, berief er ihn in seine Gemeinschaft und gab ihm sein Personsein. Das geschah, als Gott seinen Odem dem Menschen in die Nase blies. An dieser Stelle übersetzt Luther: So ward der Mensch eine lebendige Seele. Hier beinhaltet der Ausdruck »lebendige Seele« weit mehr, als wir heute unter Seele verstehen, vor allem im Bereich der Psychologie. Der Mensch als »Seele«, wie ihn die Bibel versteht, hat Leben aus Gott, ungetrübte Gemeinschaft mit Gott, Zugang zum Unsichtbaren. Alles dies kommt im Bericht vom Paradies konkret zum Ausdruck. Das Personsein ist Kennzeichen der Ebenbildlichkeit. *Wie Gott Person ist, so erhält der Mensch als Gabe von Gott den freien Willen und die Fähigkeit zur eigenen Entscheidung, damit wird er Person.* Während alles in der Schöpfung einem deutlichen »du mußt« unterworfen ist (die Erde kann nicht anders als um sich selbst und um die Sonne kreisen, die Sonne kann nicht anders als den Prozeß der Kernfusion vollziehen, das Samenkorn kann nicht anders als keimen und Frucht bringen, das Tier kann nicht anders als seinem Instinkt folgen), ist der Mensch als einziges Geschöpf des Sichtbaren auch zu einem »du sollst« befähigt. Das ist seine Würde, darin liegt aber auch seine große Verantwortung. Wie die Geschichte der Menschen zeigt, ist Gott mit der Erschaffung dieses Wesens ein großes Risiko eingegangen. Aber er, der allmächtige und weise Gott, war und ist imstande, das Risiko zu tragen.

[31] Röm. 5,19

Wir Heutigen, als Menschen nach dem Sündenfall, können uns nicht vorstellen, was es einmal um die »lebendige Seele« war, die aus Gottes schöpferischem Wort und Geist hervorging. Ich will versuchen, vom jetzigen Zustand her zu verdeutlichen, was bei der Schöpfung des Menschen geschah. Dabei gehe ich vom uns geläufigen Menschenbild aus, nach dem der homo sapiens aus Leib, Seele und Geist besteht. Der Leib als äußere Erscheinungsform und Sitz der Organe, der biologischen Vorgänge und der Kraft, die Seele als Ausdruck der Innerlichkeit, als Sitz der Gefühle und des Empfindens, der Geist als Ausdruck der Persönlichkeit, als Sitz des Verstandes und der Kreativität bilden zusammen eine Dreiheit *und* eine Ganzheit, die zusammen und jedes für sich wissenschaftlicher Erforschung zugänglich sind und daher dem Sichtbaren angehören. Das Wort »Seele« hat in diesem Zusammenhang eine wesentlich andere, gegenüber der im Schöpfungsbericht und an anderen Stellen der Bibel eingeschränkte Bedeutung.

In einem solchen, nach Leib, Seele und Geist fertigen homo sapiens blies Gott seinen Odem, seinen Geist, und machte ihn dadurch zum »Menschen« im Vollsinn des Wortes, wie ihn die Bibel als »Menschen nach dem Herzen Gottes« versteht. Ich wage daher die Gleichsetzung: Mensch = homo sapiens + pneuma, um damit deutlich zu machen, daß der Streit zwischen Naturwissenschaft und Theologie hier im Grunde nur dadurch bedingt ist, daß beide die Bezeichnung »Mensch« unterschiedlich verwenden. Die Naturwissenschaft spricht von der Entwicklung zum homo sapiens, die Bibel dagegen von der Erschaffung der »lebendigen Seele«, des Menschen vor dem Sündenfall, der durch den Geist Gottes daraus hervorging. Mit anderen Worten: Als biologische Spezies haben wir zwei verschiedene Gattungsnamen, den wissenschaftlichen »homo sapiens« und den biblischen »Mensch«[32].

[32] 1. Mose 5,2

Die Frage ist nun berechtigt, *wo* im homo sapiens Gott seinen Geist wohnen ließ. Denn weder der Leib noch die Seele noch der Geist des homo sapiens (des natürlichen Menschen) sind fähig, Gottes Geist aufzunehmen. Wir wissen es zum einen aus der eigenen Erfahrung, aus der Zeit des unerlösten Zustandes, wie schwer es der Geist Gottes hatte, uns unserer Verlorenheit und Erlösungsbedürftigkeit zu überführen. Zum anderen sagt es die Bibel, etwa mit den Worten: »Ich weiß, daß in mir, das ist in meinem Fleische, wohnt nichts Gutes.«[33] »Denn das Fleisch streitet wider den Geist und der Geist wider das Fleisch; dieselben sind widereinander, daß ihr nicht tut, was ihr wollt.«[34] »Der natürliche Mensch aber vernimmt nichts vom Geiste Gottes; es ist ihm eine Torheit und er kann es nicht erkennen, denn es muß geistlich verstanden werden.«[35] Für die Dreiheit »Leib, Seele, Geist« des gefallenen Menschen hat die Bibel die Bezeichnung »Fleisch« oder »natürliches Wesen«. Wenn auch der Mensch nach dem Sündenfall, biblisch gesehen, nicht wieder mit dem homo sapiens identisch wurde, so doch in *der* Hinsicht, daß in beiden nicht der Geist Gottes wohnt. *Sie unterscheiden sich grundsätzlich und wesentlich durch das Gewissen,* von dem gleich die Rede sein soll.

Nach meiner Erkenntnis hat Gott bei der Erschaffung des Menschen dem zu Leib, Seele, Geist und natürlichem Leben voll entwickelten Wesen (dem homo sapiens) ein nicht-materielles »Organ« als inneres Zentrum gegeben, das zur Aufnahme des Odems, des Geistes Gottes (des Pneuma) bestimmt und fähig war. *In dieser Gabe, Geist und Empfangsorgan umfassend, sehe ich den eigentlichen Schöpfungsakt,* der den Menschen über alle andere Kreatur im Sichtbaren heraushob. »Du hast ihn wenig niedriger ge-

33 Röm. 7,18
34 Gal. 5,17
35 1.Kor. 2,14

macht als Gott, mit Ehre und Herrlichkeit hast du ihn gekrönt.«[36] Dieses allein dem Menschen eigene innere, geistliche Zentrum wird in der Bibel auch »Herz« genannt, muß aber von dem natürlichen Herzmuskel in der Brust des Menschen wohl unterschieden werden. Das »Herz« gehört nicht dem Sichtbaren an, sondern dem Unsichtbaren. Mit diesem Organ hatte der Mensch nicht nur Anteil am Unsichtbaren, sondern konnte in dieser Wirklichkeit leben und sie so wahrnehmen, wie es ihm bei der sichtbaren Wirklichkeit stets möglich war und ist. Dieses geistliche »Organ« machte ihn zur »lebendigen Seele«. Es bildete die Ganzheit des Menschen im Unsichtbaren, wie Leib, Seele, Geist seine Ganzheit im Sichtbaren darstellen. Dennoch war der Mensch nur Einer. Auch im ersten Adam waren – vor dem Sündenfall – Sichtbares und Unsichtbares unvermischt und ungetrennt vorhanden, so daß er frei in beiden Wirklichkeiten sein und leben konnte.

Das Gewissen des gefallenen Menschen

Durch seinen Ungehorsam gegenüber Gottes Gebot verlor der Mensch die ihm gewährte ungetrübte Gemeinschaft mit Gott. Wie ihm zuvor angesagt war, war sogar sein Tod die Folge, d.h. der *geistliche* Tod: Adam wurde »nackt« (das Unsichtbare wurde ihm genommen) und noch desselben Tages aus dem Paradies vertrieben. Das geistliche Zentrum in ihm erstarb, d.h. wurde von Gott aus dem Unsichtbaren in das Sichtbare verstoßen, und bildet seitdem das (persönliche) Unbewußte im Menschen. Die Gnade Gottes ließ diesem Unbewußten aber eine Art Öffnung zum Unsichtbaren hin, das Gewissen. Denn Gott will auch den gefallenen Menschen noch durch sein Wort erreichen. Ins Unbewußte hinein verdrängt der Mensch gern seine Schuld. Wenn ihn aber das Wort Gottes im Gewissen trifft, kann es zur Buße

[36] Ps. 8,6

und zur Umkehr kommen. Nach wie vor sichert das Gewissen das Personhafte im Menschen, die Möglichkeit, daß Gott zu ihm redet. Es bildet – wie ehemals das lebendige Herz – die Ganzheit des Menschen im Unsichtbaren, doch nur als kümmerlicher Rest, als Randerscheinung. Genommen ist die Fähigkeit, das Unsichtbare wahrzunehmen. Die Bibel spricht von einem versteinerten, verhärteten Herzen und von Herzenshärtigkeit. Was das Gewissen kennzeichnet, ist das Wissen um ein verantwortlich machendes Gebot.

Seitdem hat jeder Mensch, als ein durch die natürliche Geburt von Gott gesondertes, ins Sichtbare gekommenes Wesen in seiner Beziehung zu Gott nur diesen Rest eines einst vollkommenen, infolge des Sündenfalls erstorbenen Organs in sich, *das Gewissen.* Und *seitdem ist dieser Rest gekennzeichnet durch sein Gespaltensein.* Von der ursprünglichen Vollkommenheit her besitzt das Gewissen noch die *absolute Funktion des Urteilens,* daß es kategorisch und unwiderruflich feststellt, wann und wie sein Träger sich falsch verhalten hat. Aber die Urteilsbildung erfolgt wegen der Sonderung von Gott nicht mehr in Übereinstimmung mit dem Willen Gottes. Es besteht vielmehr eine mehr oder weniger starke Abweichung davon. Denn das Gewissen des gefallenen Menschen hält sich an menschliche Entwürfe von Maßstäben und Normen ethischer Art. Es besitzt also eine nur *relative Funktion* hinsichtlich des »Gesetzbuches« (den Maßstäben und Normen), nach denen das Urteil ergeht.

Wenn es sich um die Frage handelt, wie zuverlässig das Gewissen eines Menschen arbeite, ob insbesondere seine Entscheidungen als »Stimme Gottes« gewertet werden können, dann hat man diese doppelte Funktion des Gewissens zu unterscheiden. Die urteilende Funktion stellt das Gewissen noch in den Bereich des Absoluten, aber die Norm, nach der es urteilt, gehört dem Sichtbaren an und ist weithin menschlich geprägt, unter Umständen von Finsternismächten verdunkelt.

Dennoch ist das Gewissen nach wie vor der Ansatzpunkt im Menschen, an dem der Geist Gottes arbeitet. Gott will uns über Unruhe, Angst, Schulderkenntnis, Buße, Vertrauen und Verheißung durch sein Wort und seinen Geist zu Jesus führen. Er wirbt um uns in mannigfacher Weise: »Gib mir, mein Sohn, dein Herz«[37], besonders aber mit der Verheißung: »Ich will euch ein neues Herz und einen neuen Geist in euch geben und will das steinerne Herz aus eurem Fleisch wegnehmen und euch ein fleischernes (d.h. lebendiges) Herz geben. Ich will meinen Geist in euch geben und will solche Leute aus euch machen, die in meinen Geboten wandeln und meine Rechte halten und danach tun.«[38]

Mit dieser Verheißung wird die »Herztransplantation« angekündigt, die Gott mit *jedem* Menschen vorhat. Denn »er will, daß allen Menschen geholfen werde und daß sie zur Erkenntnis der Wahrheit kommen«.[39] *Durch sein Wort weckt er uns das Gewissen, daß es in seinen menschlichen Normen erschüttert wird.* Hören wir auf Gottes leises Rufen, gehen auf sein Mahnen ein und kehren uns vertrauensvoll ihm zu, so schenkt er uns den Glauben und mit diesem den Heiligen Geist, der in das erweckte Gewissen einzieht.[40] Es ist jedoch in die freie Entscheidung des Menschen gestellt, ob er, wenn er das Rufen Gottes im Wort der Bibel durch eigenes Lesen oder durch Verkündigung oder auch durch Lebensumstände vernimmt, sich Gott zuwendet. *Der allmächtige Gott zwingt keinen Menschen, sich zu bekehren; aber das Recht, jedem das Gewissen zu wecken, läßt er sich nicht nehmen.*

Ist das unbegreifliche Wunder geschehen, daß sich der Mensch dem Worte Gottes beugt, Gott anerkennt und ihm sich anvertraut, so kann er an Jesus glauben; er ist wieder-

[37] Spr. 23,26
[38] Hes. 36,26–27
[39] 1.Tim. 2,4
[40] Eph. 1,13

geboren[41], deutlicher gesagt: *In ihm ist, vom Worte Gottes gezeugt,* aus dem verhärteten Herzen, dem gespaltenen Gewissen, *ein neues Wesen geboren, der inwendige Mensch.* Dieser ist nun sein geheiltes Gewissen, das für seine Urteilsbildung Gottes Wort als Norm wählt, als Richtschnur für sein Leben. Dieser ist seine heile Ganzheit im Unsichtbaren, hat Lust am Gesetze Gottes, an seinem Wort und Gebot.[42] Dieser bittet Gott um Kraft, durch seinen Geist stark zu werden[43] und zu wachsen in allen Stücken zu dem hin, der das Haupt ist, Christus!«[44] Solange wir auf der Erde sind, dürfen wir in diesem Sinne reifen, aber es kommt nicht wieder zu dem ursprünglichen Zustand des Menschen vor dem Sündenfall. Das erfüllt sich für den Glaubenden erst nach diesem Leben.[45] Bis dahin wandeln wir im Glauben, nicht im Schauen.

Psychologie und Glaube

Wer über den inwendigen Menschen zu dem lebendigen Gott gefunden hat, weiß: Wir befinden uns äußerlich in einer Welt (im Sichtbaren), in der alles relativ, begrenzt und vergänglich ist, und rühren in unserem Gewissen an eine völlig anders geartete Welt, an ein Reich des Absoluten, des Ewigen, an das Unsichtbare, in dem Gott ist. Aber – so kann man fragen –, ist diese Erfahrung echt? *Ist es wirklich etwas Absolutes, dem sich mein Gewissen öffnet?* Oder stoße ich nur auf mein eigenes Unbewußtes?

Hier prallen die Erfahrungsbereiche des Glaubens und der psychologischen Erkenntnis hart aufeinander. Wieder ist rational keine Entscheidung möglich. Der psychologisch Interessierte nimmt Regungen des Unbewußten wahr, die die Glaubensentscheidung und Glaubenserfahrungen be-

[41] Joh. 3,6–7
[42] Röm. 7,22
[43] Eph. 3,16
[44] Eph. 4,15
[45] Offb. 2,7

gleiten, und sieht darin das Ganze des Glaubens. Der Glaubende aber bekennt: Ja, Gott ist, und im Gewissen, das er mir geweckt hat, treffe ich auf ihn, den Absoluten. Mein Glaube ist nicht von mir gewirkt, sondern ist mir geschenkt, ist unbegreifliche Gabe eines Mächtigen, der mich trotz meiner Zweifel angenommen und liebend überwältigt hat.

Nur so entsteht überhaupt Glaube an den lebendigen Gott und an seinen Sohn Jesus Christus. Von einem solchen Glauben her kann dann auch bezeugt werden: Das Wirken Gottes am gefallenen Menschen zeitigt Spuren im Bewußten, mehr noch im Unbewußten des Menschen, die sich etwa als Unruhe, Angst, Einsamkeit, Ungeborgenheit, Verzagtheit, Schuld, Verzweiflung oder Flucht erweisen, aber ebenso als Ruhe, Geborgenheit, Frieden. *Diese Spuren lassen sich psychologisch erkennen, nicht aber ihre Ursache* – das Verhältnis des Menschen zu Gott. Hier stoßen wir wieder auf die Tatsache der Verlorenheit vor Gott, die natürlich nur im Glauben an ihn, von dem der Mensch durch den Sündenfall getrennt ist, erkannt und anerkannt werden kann. Im übrigen zeigt sich auch hier wieder, daß eine Wissenschaft – wie es die Psychologie ist – nur das Sichtbare erforschen, zum Unsichtbare aber nicht vordringen kann.

Dies gilt für jede der verschiedenen wissenschaftlichen Richtungen der Psychologie. Auf eine von ihnen möchte ich etwas näher eingehen, da ihr Schöpfer, C. G. Jung, seine psychologischen Erkenntnisse auch theologisch zu begründen bestrebt war. Dabei stütze ich mich auf Ausführungen von R. Affemann.

In der Lehre von C. G. Jung ist der »Schatten« als Summe der womöglich versteckten unvorteilhaften Eigenschaften und mangelhaft entwickelten Funktionen der Inbegriff von negativen seelischen Inhalten des Menschen. Sünde aber als gestörtes Verhältnis zwischen Mensch und Gott ist ein Faktum außerhalb des Menschen. Der »Schatten« ist nicht radikal böse. Jung führt ihn auf einen Mangel an Bewußtheit zurück; er müßte sich also durch Bewußtwerdung überwinden lassen. *Die Bibel dagegen weiß von einem absolut Bösen und zeigt, daß man das Böse nicht durch Aufhellung des unbewußten Motivs, durch Steigerung der Bewußtheit überwinden kann.* R. Affemann betont[46]:

»Auch wenn der Mensch weiß, daß er sündigt, auch wenn er unter seiner Sünde leidet und von ihr frei werden will, so nützt ihm sein ganzes Wissen nichts, der Gott Ratio kann ihn nicht befreien; all seine Erkenntnis ist ohnmächtig.«

Affemann führt weiter aus: »Wenn nun die Frage aufgeworfen wird, wie dieses unbegreifliche, unvorstellbare Intendieren des Menschen, seine Sünde, zustande kommt, so sagt das biblische Zeugnis, er werde dazu versucht von einer persönlichen Macht des Bösen, dem Teufel. Die Verkündigung vom Teufel ist nun die zweite Linie der biblischen Botschaft vom Bösen. Das Christentum projiziert nicht das ganze Böse entweder in den Menschen oder in Gott, nein, der Mensch sündigt und wird von der bösen Macht dazu versucht. Beide aber sind für ihr Tun verantwortlich ...

Ebenso wie Gottvater und Jesus Christus in der Bibel keine seelischen Wirklichkeiten sind, ebenso ist der Teufel in ihr keine personifizierende Projektion des Schattens. Gerade für den Psychologen, der es ja sehr drastisch und eindrucksvoll erlebt, wie moderne Menschen, die den Teufel in ihrem Bewußtsein für ein Ammenmärchen halten, sich dann aber von ihm besessen, an ihn versklavt fühlen, ihn in ihren Träumen erleben und in Visionen sehen, sollte die rationalistische Kritik an einer persönlichen Macht des Bösen als überholt gelten. In der biblischen Verkündigung führt der Teufel ein vom Menschen unabhängiges Dasein.«

Nach Affemann vollzieht sich *die eine Sünde* des Menschen vor Gott, von der die Rede war, *in vielerlei konkreten Gestalten.* Des Näheren urteilt er:

»Diese Gestalten sind inner- bzw. zwischenmenschliche Gegebenheiten. Sie sind für den Psychologen beobachtbar und können von ihm gewandelt werden. Die Ursünde kann sich in unethischen wie in ethischen Formen äußern. Die sündige Verfaßtheit der Menschen kann sich in einem Mord ebenso aktualisieren wie im hoch-

[46] *R. Affemann*, Psychologie und Bibel, Stuttgart 1957, S. 62–66

ethischen Streben des Menschen, so zu sein wie Gott, so barmherzig, so gerecht, so selbstlos wie er. Die Psychologie vermag die finsteren Gestalten gegen helle einzutauschen, die dem Leben des einzelnen und der Gemeinschaft zuträglicher sind. An der Grundintention kann sie aber nach biblischer Lehre nichts ändern ...

Ähnlich wie in der Bibel kann auch Jung sagen, daß der Schatten – neben der Unbewußtheit – die Bosheit des menschlichen Herzens als Wurzel habe. Wie diese Bosheit nun konkret aussieht, das kann die christliche Verkündigung von Jung lernen. Es ist zwar richtig, daß die Sünde ein *Faktum zwischen* Mensch und Gott ist, es ist aber ebenso richtig, daß sie in konkreten seelischen Einstellungen in Erscheinung tritt. Über allem Betonen, daß man in der Sünde an *Gott* schuldig wird, hat man fast aus dem Auge verloren, wie sich gerade diese Sünde mitten im seelischen Leben und im Leben der Gemeinschaft vollzieht und was sie für sie bedeutet .... Die christliche Verkündigung aber ist nicht Belehrung, Übermittlung von Ideen, sondern hat die Aufgabe, die letzte Not des Menschen zu beseitigen, und hat dabei an den Zeichen jener Not anzusetzen. Hier aber ist eine christliche Lehre vom Menschen dem Psychologen Jung dafür, daß er konkret gezeigt hat, wie das Böse in der Seele zutage tritt, welche Zerstörungen und Verwüstungen es anrichtet, zu großem Dank verpflichtet.

Auch von seiner Entdeckung, daß vieles an dem Schatten überhaupt nicht böse, sondern nur unentwickelt und verdrängt ist, kann der christliche Glaube lernen. Er wird dadurch aufgefordert, sich zu überprüfen, was alles an der Schöpfung Gottes er als sündig deklariert hat, wieviel gute Gaben Gottes er dämonisiert hat. Durch diese Selbstprüfung wird er erkennen, daß vieles, was er als böse empfand, nicht böse, sondern gut ist und in die Ganzheit der Schöpfung mit hineingehört. Indem aber etwas als böse Verdrängtes als Schöpfung Gottes angenommen wird, geschieht tatsächlich das, was Jung so oft beschreibt; die Wandlung des Schattens.

Festgehalten werden muß jedoch, daß der ganze Schatten auf diese Weise nicht gewandelt werden kann. Die Sünde, welche weitgehend den Kern des Schattens darstellt, ist dem menschlichen Befreiungswerk entzogen. Diese Spannung zwischen Gut und Böse bleibt. Jung hat schon recht, sie ist lebensfeindlich, unerträglich. Der Mensch, der sich ehrlich als böse erlebt und konsequent gut sein will, wird durch diesen entsetzlichen Zwiespalt in den Tod getrieben – oder zur Erlösung vom Bösen durch das Opfer Christi.«

Diese instruktive Stellungnahme von R. Affemann ergänze ich durch ein Wort eines anderen Psychotherapeuten, K. Graf von Dürckheim[47]:

»Das tiefste Wesen des Menschen ist gar nichts anderes als seine Weise der Teilhabe an einem überraumzeitlichen Sein, das durch ihn hindurch offenbar werden will ... Jeder Versuch, die im Gewissen lebendigen Werte dadurch ihrer Würde berauben zu wollen, daß man ihr Dasein auf psychologische oder soziologische Bedingungen zurückführt, muß auf die Dauer ebenso scheitern wie der komische Versuch, das Wesen der Töne zurückzuführen auf Schwingungsfrequenzen . . . Psychologisch oder soziologisch erklärbar ist immer nur der besondere Inhalt eines erlebten Sollens, nie aber das Unbedingte seiner verpflichtenden Kraft und das innere Leuchten, das eine wesenhafte Werterfahrung besitzt. Uns Menschen ist eingeschrieben ein ›ordre du coeur‹, eine inbildliche Gestalt, die uns als ein Gefüge von Sollungen zu einem ganz bestimmten Leben und zur Verwirklichung eines ganz bestimmten Inbildes anhält. Sein Verwirklichungsanspruch besteht ganz unabhängig davon, ob uns das jeweils bequem ist oder nicht, im Augenblick nützlich erscheint oder nicht.«

Der hier von Graf von Dürckheim als »inbildliche Gestalt« bezeichnete »ordre du coeur« ist, biblisch gesehen, nichts anderes als das auf Gott ausgerichtete »Herz«, der inwendige Mensch, die Teilhabe an einem überraumzeitlichen Sein nichts anderes als die Teilhabe am Unsichtbaren.

Beide Stellungnahmen bestätigen, und zwar aufgrund langjähriger Erfahrungen an psychisch labilen, einer Psychotherapie unterzogenen Menschen, daß *einerseits die Sünde und der Böse reale Mächte außerhalb des Menschen sind, andererseits das menschliche Gewissen einer überraumzeitlichen Wirklichkeit angehört.* Man kann also nur unter Leugnung von gut gesicherter empirischer Erkenntnis behaupten, daß die bösen oder guten Regungen im Menschen allein vom Menschen her als psychologisch bedingte Vorgänge im Innern oder Projektionen nach außen verstanden werden müßten. Solche Vorstellungen können, im Sinne

[47] *K. Graf Dürckheim,* Durchbruch zum Wesen, Bern-Stuttgart-Wien 1972

von Kapitel 2, vor dem Hintergrund der Realität, nur als naiv bezeichnet werden.

Wer Menschen bei der Verwirklichung ihres eigentlichen Menschseins helfen will, wird mit psychologischen, besonders mit tiefenpsychologischen Methoden einiges erreichen. Wem es dabei aber um mehr geht als um eine »Selbstverwirklichung« des Menschen, d.h. um eine Vertiefung und Verinnerlichung der Persönlichkeit, *muß den Menschen unter der Einwirkung aus dem Unsichtbaren sehen und ihm gezielt seelsorgerlich beistehen.* Und die Seelsorge muß biblisch fundiert sein. Ich verweise auf eine weitere Broschüre von R. Affemann[48], in der er Seelsorge richtig als »Lebensverwirklichung vom Worte Gottes her« versteht und tiefenpsychologische Hilfen für die Seelsorge und für die Haltung des Seelsorgers gibt. Im Anschluß an Kapitel 5, das den Menschen – soweit es um sein Sein im Unsichtbaren geht – im Reich der Finsternis und – sofern er ein an Jesus Glaubender ist – als ein Licht in dieser Finsternis gesehen hat, das sich der Finsternis gegenüber behaupten soll, kann man seine Lage jetzt genauer so kennzeichnen:

Es ist der persönliche Gott, der den Menschen als Person, als freies Gegenüber will und zu diesem Ziel über das *Gewissen* des Menschen gerecht und barmherzig die Entfaltung des *inwendigen* Menschen anstrebt. Und es ist der Teufel, der diese Entfaltung verhindern will und zu diesem Ziel – über das *Denken* des Menschen – mit Macht und List am *natürlichen* Menschen arbeitet. Weil der Mensch, nach Gottes Willen, sich dem Handeln Gottes in Freiheit widersetzen kann, hat der Teufel dadurch eine Chance und nutzt sie mit trefflichen Argumenten. Beiderlei Einwirkungen, die von Gott und die vom Teufel ausgehen, kommen aus dem Unsichtbaren und hinterlassen ihre Spuren in Leib, Seele und Geist des Menschen. Diese Spuren können soziologisch und psychologisch beeinflußt werden. Ihre wissenschaftliche Erhellung ist nützlich und hilfreich.

[48] R. *Affemann,* Tiefenpsychologie als Hilfe in Verkündigung und Seelsorge, Stuttgart 1965

12. Kapitel: **Angriff und Sieg bei Anfechtungen**

Kampfsituation des Glaubenden

Die knappe Formulierung am Schluß des vorangehenden Kapitels, Gott arbeite über das (erweckte) Gewissen am inwendigen Menschen, der Teufel über das Denken am natürlichen Wesen des Menschen, muß recht verstanden werden. Sie beschreibt wohl zutreffend die Kampfsituation, in der der Glaubende steht. Paulus gibt eine gute Kennzeichnung davon[49]: »Wollen habe ich wohl, aber vollbringen das Gute finde ich nicht. Denn das Gute, das ich (der inwendige Mensch) will, das tue ich (der natürliche Mensch) nicht, sondern das Böse, das ich (der inwendige Mensch) nicht will, das tue ich (der natürliche Mensch). Wenn ich aber tue, was ich (der inwendige Mensch) nicht will, so tue nicht ich (der inwendige Mensch) es, sondern die Sünde, die in mir wohnt (d.h. mein der Sünde verhaftetes natürliches Wesen).« Um deutlich zu machen, daß Paulus in diesem Abschnitt von Röm. 7 von den beiden Ich's spricht, die in dem an Jesus Glaubenden aktiv sind, habe ich das »ich« im Zitat jeweils gekennzeichnet.

Doch man könnte die Frage stellen, ob der Teufel wirklich den Menschen über das Denken beeinflußt. Wenn Jesus sagt[50]: »Was aus dem Menschen herauskommt, das macht ihn unrein; denn von innen, aus dem Herzen der Menschen, kommen die bösen Gedanken«, so weist er zwar auf die Gedanken hin, die der Böse lenkt, nennt aber als ihren Ursprung das »Herz«. Hier ist jener »Rest« des ursprünglich lebendigen Herzens, das unerweckte Gewissen, gemeint (Kapitel 11). Nun wissen wir aber, *daß das Gewissen des Menschen in seiner relativen Funktion – der Norm, nach der es urteilt – beeinflußbar ist.* Das nutzt der Teufel aus, indem er dem menschlichen Denken hohe oder niedrige ethische

[49] Röm. 7,18–20
[50] Mk. 7,20–21

Normen eingibt, die den Menschen veranlassen sollen, die Notwendigkeit einer Erlösung nicht einzusehen oder einen Weg der Selbsterlösung zu wählen, auf jeden Fall aber den allein richtigen Weg der Erlösung durch das Opfer Jesu auf Golgatha abzulehnen. Der Teufel will nicht gute Menschen schlecht und böse Menschen noch böser machen, sondern sucht den Menschen einzureden, daß sie ohne Jesus frei und gut werden können.

Das »Herz« des Menschen wurde, als Folge des Sündenfalls von Gott verstoßen, zum Unbewußten im Menschen (Kapitel 11). Es steht mithin unter der Herrschaft der Sünde, ist verstockt und unbußfertig[51], arg und ungläubig[52], unverständig und verfinstert.[53] In solchem Zustand sucht es sich seine eigene Norm, wie sie ihm paßt. Ist aber sein Träger über seine Öffnung zum Unsichtbaren hin, d.h. über das Gewissen, vom Worte Gottes getroffen, ist er der Aufforderung Gottes gefolgt[54] und hat er die Herztransplantation an sich gefallen lassen, so ist er errettet von der gegenwärtigen, argen Welt[55], hat Lust zum Worte Gottes[56] und hat damit die rechte Norm für sein Gewissen gefunden, am Worte Gottes orientiert.

Weil im (noch verhärteten) Herzen des Menschen unter der Einwirkung des Wortes Gottes die Entscheidung für oder gegen den lebendigen Gott und damit für oder gegen Jesus zu treffen ist, und diese Entscheidung in den freien Willen des Menschen gestellt wird (vgl. Apg. 2,37 und Apg. 7,54), kommt Satan mit einleuchtenden, vernunftgemäßen, das natürliche Wesen ansprechenden Argumenten, um dadurch den Willen des Menschen, für diesen unmerklich, so zu lenken, daß die Entscheidung für Jesus verhindert oder wenigstens aufgeschoben wird. Herzenshärtigkeit besteht

[51] Röm. 2,5; 2.Kor. 3,14–15
[52] Hebr. 3,12
[53] Röm. 1,21; Eph. 4,18
[54] Spr. 23,26
[55] Gal. 1,4
[56] Röm. 7,22

bei denen, die Jesus ablehnen, wie bei denen, die Jesus nachfolgen. Jesus rügt sie bei den einen[57] wie bei den anderen[58]. Auch wenn das Wort Gottes aufgenommen ist und ein Mensch sich für Jesus entschieden hat, sucht der Teufel durch Anfechtungen und Umstände aller Art Zweifel an Gottes Wort und Ungewißheit im Glaubensleben zu wekken, um den Menschen vom Weg in der Nachfolge abzubringen. Deshalb braucht der Gläubige die Ermahnung[59]: »Lasset uns ablegen alles, was uns beschwert, und die Sünde, die uns ständig umstrickt, und lasset uns laufen mit Geduld in dem Kampf, der uns verordnet ist und aufsehen auf Jesus, den Anfänger und Vollender des Glaubens.«

Wesen und Ziel der Anfechtungen

Um in diesem Kampfe bestehen zu können, müssen wir um die Gefahren wissen, die das geistliche Leben bedrohen, und um die Mittel, mit denen wir diesen Gefahren begegnen können. Über das eine wie das andere gibt die Bibel klare Anweisungen. In der Welt um uns führt vieles in Versuchung.[60] Dahinter verbirgt sich eine Macht, die nur das eine Ziel hat, jeden Gläubigen, der Jesus nachfolgen will, von den vier Kraftquellen abzuschneiden, von denen er als Glaubender lebt: das Wort Gottes, die Gemeinschaft der Geschwister, die Teilnahme am Tisch des Herrn und das Gebet, das einzelne wie das gemeinsame.

Damit beschränke ich mich auf Anfechtungen von Menschen, die an Jesus Christus glauben, schließe aber selbstverständlich alle diejenigen ein, die – gerade von Anfechtungen her – immer wieder ihm mit Furcht und Zittern bekennen müssen: Ich glaube, hilf meinem Unglauben! Als Erprobung unseres Glaubens gehören Anfechtungen zum Leben mit Jesus notwendig dazu. Daß wir in Anfechtung

[57] Mk. 10,5
[58] Mk. 16,14
[59] Hebr. 12,1–2
[60] s. 9. Kap., Anm. 95

geraten, ist also – wenn wir uns nicht mutwillig hineinbegeben (vgl. Kapitel 1), etwa um die Tiefen des Satans zu erkennen – keine Schuld. Erst wenn wir in ihr versagen, werden wir schuldig und sind auf die Vergebung Jesu angewiesen.

Die Worte Anfechtung und Versuchung gebrauche ich im folgenden in gleichem Sinne, so wie Luther das griechische Wort *peirasmos* im Grundtext des Neuen Testaments mit Versuchung und mit Anfechtung wiedergibt. Versuchungen kommen, wie schon in Kapitel 9 ausgeführt, vom Teufel auf uns zu. Ich erinnere an die drei großen Beispiele, die die Bibel dazu gibt: den Sündenfall des ersten Menschen, das Leiden Hiobs, die Versuchung Jesu. Gott versucht uns nicht; er läßt Versuchungen nur zu, um uns zu erproben. Sooft in der Bibel davon gesprochen wird, daß Gott Menschen versucht, ist immer ein Erproben der Gesinnung gemeint.[61]

Es sind im wesentlichen drei Richtungen, aus denen Angriffe des Teufels erfolgen, und drei Ziele in uns, auf die sein Stoß sich ausrichtet: der Leib, die Seele, der Geist. Versuchungen vom Fleisch her zielen auf den Leib, Versuchungen von der Welt her zielen auf die Seele, Versuchungen vom Teufel selbst auf den Geist. Man muß das unterscheiden können, um eine Diagnose zu stellen, wenn man in Anfechtung geraten ist. Und dann hat man die von der Schrift her gebotene Abwehrmaßnahme zu ergreifen, um zu überwinden. Gegen jede Art Anfechtung gibt die Bibel eine wirksame Hilfe.

Will ich wirklich überwinden, so brauche ich nur zweierlei zu wissen – eine Bewegung und ein Ziel – und es zu tun! Große Verheißungen hat Jesus dem Überwinder zugesagt.[62] Es kommt nur darauf an, ob ich willens bin, mich auf das Ziel hin in Bewegung zu setzen. Dann steht Jesus mir bei. Er will mich erfahren lassen, daß ich mich in der Freiheit bewähren kann, zu der er mich befreit hat.[63]

[61] 1. Mose 22,1; 5. Mose 8,2; Jak. 1,2–3
[62] Offb. 2,7.11.17.26; 3,5.12.21
[63] Röm. 8,21; Gal. 5,1

Mit unserem Leib sind wir vielen Verlockungen und damit Anfechtungen ausgesetzt. Die Sinne und die Geschlechtlichkeit sind eine äußerst versuchliche Seite in uns. Magazine und Illustrierte mit ihren Bildern, Sex- und Pornofilme und Video-Kassetten, Bars mit Nacktbedienung u.a. – all das läuft nur darauf hinaus, die Lust in uns zu reizen. Daneben regt sich die Genußsucht mit Unmäßigkeit und Völlerei, die Abhängigkeit von Alkohol, Nikotin und weiteren Drogen aller Art. Da entscheidet sich unser Verhalten an dem Wort: »Alles ist mir erlaubt, aber ich darf mich von nichts beherrschen lassen.«[64] Wenn ich spüre, daß ich durch Dinge der Lust und des Genusses von der Gemeinschaft mit Jesus abgelenkt werde, wenn ich etwa merke, daß Illustrierte und ihre Bilder mir die Bibellese stören, daß Film und Fernsehen in meine Träume hineinfunken, daß ich Drogen nicht widerstehen kann, dann sollte ich diese Dinge aus freiem Entschluß lassen.

Jesus sagt: »Wenn dich dein Auge ärgert, dann reiß es aus. Wenn deine Hand dich ärgert, dann hacke sie ab. Wenn dein Fuß dich ärgert, dann haue ihn ab.«[65] Also: nicht hinsehen, nicht die Hand bieten, nicht mitgehen, sondern sich wegwenden und fliehen!

Ja, *Flucht* ist die erste Weisung, die die Bibel bei Anfechtungen auf den Leib – Lust und Genuß – befiehlt.[66] Das ist hier die Bewegung. Sie darf nicht als Feigheit angesehen werden. Das Mitmachen ist in Gottes Augen Feigheit. Die Flucht aber erfordert Mut; denn unsere Kameraden und Kollegen werden uns auslachen und zu verführen suchen.

Die zweite Weisung lautet: zum Kreuz hin! Das ist hier das Ziel. Dafür ist Jesus an das Kreuz gegangen, daß ich nicht mehr zu unterliegen brauche. Solange ich meine, ich könnte bis zu einer gewissen Grenze mitmachen, bin ich

[64] 1. Kor. 6,12
[65] Matth. 18,8–9
[66] 1. Kor. 6,18; 10,14; 1. Tim. 6,11; 2. Tim. 2,22

noch zu stolz, mich dem Worte Jesu zu beugen: »Wer in mir bleibt und ich in ihm, der bringt viel Frucht; denn ohne mich könnt ihr nichts tun.«[67] Auch Überwindenkönnen ist eine Frucht, die nur aus dem Bleiben in Jesus erwächst.

Die zweite Art Anfechtungen

Diese geht insbesondere aus von der Hektik und Unruhe, von der Geschäftigkeit und dem Tempo, das das Leben in der Welt prägt. Andere Einflüsse, die von der Welt her auf die Seele zielen, sind Hochmut, falscher Ehrgeiz, Streben nach Besitz, nach Macht und Einfluß. Damit soll uns die tägliche stille Zeit geraubt werden, das Lesen in der Bibel, die Fürbitte, die Anbetung Gottes, das Gebet. Unser Leben als Christen in der Welt vollzieht sich in dreifacher Hinsicht in unreiner Umgebung. Da sind zunächst wir selbst, unser natürliches Wesen, von dem es heißt: »Ich weiß, daß in mir, das ist in meinem Fleisch, nichts Gutes wohnt.«[68] Die zweite unreine Umgebung ist die Welt, die Menschheit als solche. Von den Mitmenschen wird gesagt: »Wie sie es für nichts geachtet haben, daß sie Gott erkannten, hat sie auch Gott dahingegeben in verworfenen Sinn, zu tun, was nicht taugt, voll alles Unrechten, Schlechtigkeit, Habsucht, Bosheit, voll Neides, Mordes, Haders, List, Tücke.«[69] Die dritte unreine Umgebung, in der wir leben, ist die Finsternis (vgl. Kapitel 6).

Gegenüber den Anfechtungen von der Welt her gibt die Bibel die Weisung: »Stellet euch dieser Welt nicht gleich.«[70] Mit anderen Worten: *Haltet Abstand!* Wahrt Distanz! Das ist hier die geforderte Bewegung: Aushalten der Spannung, als Glaubende anders zu sein als die Menschen, in die uns Schule, Ausbildung, Beruf und Geselligkeit hineinführen.

Aber die Weisung hat eine Fortsetzung: »Verändert euch

[67] Joh. 15,5
[68] Röm. 7,18
[69] Röm. 1,28–29
[70] Röm. 12,2

durch Erneuerung eures Sinnes, auf daß ihr prüfen möget, was Gottes Wille ist.«[70] Also nicht Abstand halten, indem man sich aus der Welt zurückzieht in kleine Kreise und Gemeinschaften, die von der Welt nichts mehr wissen wollen. Sondern dem Auftrag Jesu treu bleiben: »So wie du mich gesandt hast in die Welt, so sende ich sie auch in die Welt.«[71] Das ist das Ziel: umgestaltet zu werden in das Ebenbild Jesu Christi, gesinnt zu sein wie er, damit Jesus uns mit Vollmacht als seine Zeugen in die Welt senden kann und als Menschen, die wissen, was es um den Willen Gottes ist.

Die dritte Art Anfechtungen

Hier, so sagte ich schon, kommt der Teufel selbst auf uns zu mit Gedanken, Eingebungen, Einflüsterungen. Bei den beiden ersten Arten von Anfechtungen tarnt er sich und versteckt sich hinter unserem Ich oder hinter der Welt. Auch wenn er in Menschengestalt auftritt: als Spötter, der sich über Gläubige lustig macht; als Gottloser, der die Gemeinde verfolgt; als Humanist, der die Bibel als Menschenwort ansieht und Ideale verkündet; als Irrlehrer, der Gottes Wort umdeutet; als Sektenführer, der Nebensachen zur Hauptsache macht und Jesus an den Rand schiebt – sie alle denken sich dem Gläubigen weit überlegen und sind doch nur Werkzeuge einer Macht, von der sie nichts wissen wollen. Ihnen dürfen wir mit Jesus entgegnen: »Ihr irrt und kennt die Schrift nicht noch die Macht Gottes.«[72] Und Paulus rät uns: »Werdet doch recht nüchtern und sündigt nicht; denn etliche wissen nichts von Gott.«[73]

Wo immer Irrtum und Lüge herrschen, ist der Teufel am Werk, sogar wenn es ihn selbst betrifft. Ihm liegt nichts daran, daß wir von seiner Realität wissen. Er freut sich, wenn

[71] Joh. 17,18
[72] Matth. 22,29
[73] 1. Kor. 15,34

man ihn und seine Dämonen als mythologische Figuren erklärt, ihn nur als Prinzip, als *das* Böse versteht.

Das erste, was er uns schickt, sind Zweifel am Worte Gottes: Sollte Gott gesagt haben? Ist die Bibel wirklich Gottes Wort? Ist Jesus Gottes Sohn? Ist er wahrhaftig auferstanden? Sind die Wunderberichte nicht nur Mythen und Legenden?

Hand in Hand mit dem Ausstreuen von Zweifeln an der Glaubwürdigkeit der Bibel wirkt der Teufel eine Stärkung des Vertrauens in uns selber, indem er uns glauben machen will: Du brauchst Jesus gar nicht, du kannst dich selbst verwirklichen, dich selbst erlösen! Auch Müdigkeit und Verzagtheit im Glaubensleben, Unlust zum Bibellesen, Abhaltungen vom Beten schickt er auf dem Umweg über unser Denken. Er läßt uns störende Gedanken einfallen oder macht uns müde, läßt uns einschlafen wie die Jünger Jesu in Gethsemane: »Könnt ihr denn nicht eine Stunde mit mir wachen? Wachet und betet, daß ihr nicht in Anfechtung fallet! Der Geist ist willig, aber das Fleisch ist schwach.«[74]

Schließlich gehören auch Anfechtungen, die uns durch Krankheit, Leid, schweres Geschick bereitet werden, zu der dritten Art. Sie bringen uns ins Grübeln und Murren: Warum läßt Gott das zu? Warum geht es mir so schlecht, warum anderen so gut? So schwer oft die Last ist – jedes »Warum« zu Gott hin ist im Grunde ein Zweifel an seiner Gerechtigkeit und Güte und deshalb vom Teufel.

Die Weisung der Bibel gegenüber der dritten Art von Anfechtungen ist das Wort: »Widerstehet dem Teufel, dann flieht er von euch.«[75] Hier geht es tatsächlich um *Widerstand*, nicht um Ausweichen, Nachgeben, Kompromisse schließen, d.h. nicht um Flucht. Und der Widerstand ist nach dem Vorbild Jesu zu praktizieren, als er vom Teufel versucht wurde: »Es steht geschrieben.«[76] Mit dieser Waffe,

[74] Matth. 26,40–41
[75] Jak. 4,7
[76] Matth. 4,4.7.10

dem Wort Gottes, hat Jesus gestritten und dürfen auch wir streiten. Dazu müssen wir allerdings fest im Wort gegründet sein und deshalb eine gute Bibelkenntnis haben.

Der Teufel hat sie auch, und so kann es sein, daß er trotz unseres Widerstandes durchaus nicht flieht. Deshalb hat diese Weisung der Bibel auch eine andere Hälfte: »Unterwerfet euch Gott und widerstehet dem Teufel; dann flieht er von euch.«[75] Wir können dem Teufel niemals in eigener Kraft widerstehen, sondern nur, wenn wir uns zuvor Gott unterworfen haben. Das heißt: Wir haben vom Kreuz her zu kämpfen, im Vertrauen darauf, daß Jesus den Teufel am Kreuz von Golgatha überwunden hat, und in dem Wissen, daß durch Jesu Tod unsere Sünden gebüßt und wir mit dem Vater versöhnt sind.

Die Bewegung zur Überwindung von Anfechtungen, die auf unseren Geist zielen, ist also: furchtlos dem Teufel entgegentreten, ihn abwehren, ihn zurückdrängen mit der Gotteskraft, die das Kreuz uns gibt.[77] Und das Ziel ist der Sieg über den Widersacher Gottes, der Triumph des Kreuzes. Auch als Glaubende können wir nicht hindern, daß uns schlechte Gedanken kommen: selbstsüchtige, zornige, nachtragende, zweifelnde, schmutzige, ja, sogar lästerliche. Aber wir können verhindern, daß sie sich in unserem Kopf festsetzen, indem wir zu Jesus beten: Herr, ich will das nicht denken, bitte nimm mir diese Gedanken! Und wenn der Teufel immer hartnäckiger angreift, dann widerstehen wir ihm mit Worten: Ich stehe unter dem Schutze des Blutes Jesu! In seinem Namen: Hinweg mit dir, Satan!

Zusammenfassung

Damit sind die drei Richtungen angegeben, aus denen Anfechtungen auf uns zukommen und uns von den Kraftquellen des Glaubens abziehen wollen. Ebenso sind die Gegenmaßnahmen genannt, die den Glaubenden von der Schrift

[77] 1. Kor. 1,18

her gewiesen werden und die wir gebrauchen sollen. Im ersten Fall, bei Versuchungen vom Fleisch her: Flucht von den Anfechtungen bzw. Ursachen hinweg zum Kreuz Jesu hin! Im zweiten Fall, bei den Anfechtungen von der Welt her: Abstand von der Welt und Gesinnungsänderung am Kreuz! Im dritten Fall, bei Anfechtungen vom Teufel her: Widerstand gegen den Teufel vom Kreuz Jesu aus! Diese drei Maßnahmen sind so einprägsam in ihrer Bewegung – *Flucht auf das Kreuz zu, Verharren am Kreuz, Vorstoß vom Kreuz her* –, daß sie jedes Kind behalten kann. So wunderbar einfach und klar ist die Schrift in ihren Anweisungen.

Und bei alledem haben wir daran zu denken, daß wir Anfechtungen brauchen, um an ihnen im Glauben zu wachsen und zu reifen. Zu ihrer Überwindung werden wir gestärkt durch ein Wort der Schrift: »Es hat euch noch keine denn menschliche Versuchung getroffen. Aber Gott ist getreu, der euch nicht läßt versuchen über euer Vermögen, sondern macht, daß die Versuchung so ein Ende gewinne, daß ihr es könnt ertragen.«[78]

Nun heißt es nur noch lernen, im Einzelfall die Diagnose zu finden. Häufig sind die Zusammenhänge nicht so einfach auseinanderzulegen. Anfechtungen können uns auch in gemischter Form befallen: Welt und Fleisch zugleich auf den Leib oder Welt und Teufel zusammen auf Geist und Seele. Aber auch dann helfen die drei genannten Maßnahmen, entsprechend kombiniert. Und wir haben stets die Möglichkeit, bei Schwierigkeiten einen Seelsorger aufzusuchen und um Rat zu fragen.

Aber so einfach die Anweisungen sind, sie müssen geübt werden. Wir können sie nicht sofort anwenden und lernen sie auch nicht von heute auf morgen. Und wenn wir in einer Anfechtung fallen, was sicher vorkommen wird, so wollen wir nicht verzweifeln, nicht aufgeben. Das Ziel jeder Anfechtung ist ihre Überwindung mit Hilfe unseres Herrn. Dazu haben wir bei ihm noch einmal oder weiter in die

[78] 1. Kor. 10,13

Schule zu gehen und bei ihm zu bleiben, auch wenn wir versagen. Er ist ein wunderbarer Lehrer, unbestechlich in seiner Gerechtigkeit, unübertroffen in der rechten Zuwendung von Liebe und Strenge. Er bringt uns hindurch, auch wenn wir noch so schwach und ungeschickt sind. Hauptsache ist, daß wir bei ihm bleiben.

Die Waffenrüstung Gottes

Sie ist es, die uns entscheidend dazu verhilft, bei Jesus zu bleiben. Was im Vorstehenden ausgeführt ist, ist im Grunde nur eine Beschreibung der geistlichen Waffenrüstung, wie sie Paulus uns gläubigen Christen für den Kampf, der uns verordnet ist, empfiehlt. Er weiß, daß wir in der Welt immer wieder mancherlei Anfechtungen ausgesetzt sind, er weiß auch, daß wir dabei nicht mit Fleisch und Blut zu kämpfen haben, sondern daß sich hinter den Anfechtungen Mächte der Finsternis verbergen. Deshalb seine Ermahnung: »Seid stark in dem Herrn und in der Macht seiner Stärke! Ziehet an die Waffenrüstung Gottes, daß ihr bestehen könnt gegen die listigen Anläufe des Teufels.«[79] Und dann gibt er im einzelnen an, aus welchen Stücken sie besteht: »So stehet nun, umgürtet an euren Lenden mit Wahrheit und angetan mit dem Panzer der Gerechtigkeit und an den Beinen gestiefelt, als fertig, zu treiben das Evangelium des Friedens. Vor allen Dingen aber ergreifet den Schild des Glaubens, mit welchem ihr auslöschen könnt alle feurigen Pfeile des Bösen, und nehmt den Helm des Heils und das Schwert des Geistes, welches ist das Wort Gottes. Und betet allezeit mit Bitten und Flehen im Geist und wachet dazu mit allem Anhalten und Flehen für alle Heiligen.«[80]

Sieht man sich die Waffenrüstung genauer an, so erkennt man, daß sie aus fünf passiven Stücken besteht, die nur zum Schutz gegen Angriffe bestimmt sind, und einem

[79] Eph. 6,10–11
[80] Eph. 6,14–18

aktiven Stück, das der Verteidigung und dem Angriff dienen soll. Die fünf schützenden Stücke sind: der Gürtel der Wahrheit, der Panzer der Gerechtigkeit, die Stiefel des Friedens, der Schild des Glaubens und der Helm des Heils. Zur Verteidigung und zum Angriff ist uns das Schwert des Geistes gegeben, das Wort Gottes.

Das Gebet gehört nicht mehr zur Waffenrüstung. Es ist als anhaltende, dringliche Fürbitte für die Gläubigen gedacht, zur Unterstützung in ihrem Kampf gegen Anfechtungen, daß sie bestehen können, d.h. das Ziel der Anfechtung erreichen, ihre Überwindung zur Ehre des Herrn Jesus Christus.

Die Bedeutung der einzelnen Stücke der Waffenrüstung sehe ich wie folgt:

- Mit Wahrheit umgürtet sein will sagen: von Gott in der Wahrheit geheiligt sein.[81] Das geschieht, indem Jesus sich für uns heiligt.[82] Am Kreuz von Golgatha hat er es vollbracht. Den Gürtel der Wahrheit trägt also, wer alle seine Schuld (vor Gott und den Menschen) von Jesus vergeben bekommen hat, wer Tag um Tag aus dieser Vergebung lebt.
- Der Panzer der Gerechtigkeit ist das Blut Jesu[83]. Diesen Panzer anlegen heißt also, sich bewußt, dankbar und ehrfürchtig unter den Schutz des Blutes Jesu stellen.
- Gestiefelt sein, als fertig, zu treiben das Evangelium des Friedens bedeutet: im Wissen um und im Vertrauen auf den Sieg Jesu über alle Mächte der Finsternis gegen sie vorgehen, also ohne Angst und ohne Vertrauen auf eigene Kraft. Der Frieden der Seele muß trotz Widerstand und Gegenkraft des Feindes, auch gegenüber Menschen im Dienste des Feindes, bewahrt werden.[84] Das gilt insbesondere, wenn der persönliche Sieg einmal verwehrt bleibt.

[81] Joh. 17,17
[82] Joh. 17,19
[83] Röm. 5,9
[84] Joh. 14,27

- Der Schild des Glaubens ist das Wissen um die Macht Jesu, dem alle Gewalt gegeben ist im Himmel und auf Erden[85], und das Vertrauen in seine Verheißungen: Ich bin bei euch alle Tage bis an der Welt Ende.[86] Laß dir an meiner Gnade genügen. Meine Kraft ist in den Schwachen mächtig.[87] Darum: guten Mutes in Schwachheit, in Mißhandlungen, in Nöten, in Verfolgungen, in Ängsten um Christi willen.[88] Zu den feurigen Pfeilen des Bösen hat man die eigenen negativen Gedanken aller Art zu zählen.
- Der Helm des Heils ist die persönliche Heilsgewißheit, daß man weiß: Gott, der Vater, hat mich tüchtig gemacht zu dem Erbteil der Heiligen im Licht und hat mich errettet von der Macht der Finsternis und versetzt in das Reich seines lieben Sohnes.[89] Diese Gewißheit darf nicht stolz und sicher machen, sondern muß in Dankbarkeit und Demut gehegt und bewahrt werden.
- Das Schwert des Geistes ist das Wort Gottes. Sein Gebrauch setzt gute Bibelkenntnis und Geistesleitung voraus. Es wird eingesetzt nach dem Vorbild Jesu. Als sein Zeuge begegnet man dem Feind ohne jede Überheblichkeit mit dem Hinweis: Es steht geschrieben . . .!

Alle diese Stücke der Waffenrüstung Gottes darf der Gläubige im Kampf mit seiner Anfechtung gebrauchen. Der »Feind«, von dem hier die Rede ist, macht sich zwar erst bei der dritten Art von Anfechtungen direkt bemerkbar, und auch da nur auf Entfernung über unsere Gedanken. Dennoch ist es gut zu wissen, daß überall Mächte der Finsternis dahinter stehen. Denn es sind von Jesus besiegte Feinde, die gegen die Waffenrüstung Gottes, wenn sie recht gebraucht

[85] Matth. 28,18
[86] Matth. 28,20
[87] 2. Kor. 12,9
[88] 2. Kor. 12,10
[89] Kol. 1,13

wird, nichts ausrichten können. Wer wegen seiner Anfechtung einen Seelsorger oder einen Gebetskreis ins Vertrauen zieht, darf mit deren Unterstützung durch anhaltende Fürbitte rechnen. Dann sollen auch diese Mitstreiter alle die Waffenrüstung anlegen. Besonderes Gewicht legt Paulus auf die drei letzten Stücke, wenn er schreibt: Vor allen Dingen ergreifet den Schild des Glaubens, den Helm des Heils, das Schwert des Geistes. Doch darf man deshalb auf die ersten drei Stücke keineswegs verzichten!

13. Kapitel: **Entstehen von okkulter Belastung**

Der Herrschaftsanspruch Satans

Warum und woher Satan die Macht hat oder sich nehmen darf, Menschen an der Entscheidung für Jesus zu hindern oder eine solche sogar rückgängig zu machen, bleibt Geheimnis (vgl. Kapitel 7), wie auch die Bibel alles Nähere um die Person des Bösen verschweigt, d.h. Gott es dem Menschen nicht offenbart hat. *Dieses Geheimnis ist in Ehrfurcht vor Gott zu achten*; es ist zweifellos nicht gut für uns, darüber Genaueres zu wissen. *Was uns aber die Bibel sagt, haben wir zu bedenken und ernst zu nehmen.* Wenn Jesus in den Abschiedsreden an seine Jünger Satan den »Fürsten dieser Welt« nennt, so will er darauf hinweisen, daß Satan in irgendeiner Weise ein Herrschaftsrecht über die Welt und damit auch über die Menschen hat. Der gleiche Sachverhalt liegt Jesu Auftrag an Saulus vor Damaskus zugrunde[90]: Er sendet ihn unter die Heiden, »aufzutun ihre Augen, daß sie sich bekehren von der Finsternis zum Licht und von der Gewalt des Satans zu Gott«. Und später bekennt Paulus[91], daß Gott »uns errettet hat von der Macht der Finsternis und hat uns versetzt in das Reich seines lieben Sohnes«.

[90] Apg. 26,18
[91] Kol. 1,13

Der Glaube an Jesus bewirkt also einen Herrschaftswechsel, der dadurch zustande kommt, daß der Stärkere dem starken Gewappneten in seinen Palast eindringt, ihm den Harnisch nimmt (den Herrschaftsanspruch) und das Seine raubt.[92] Dies Wort Jesu umreißt gleichnishaft einen ganz entscheidenden Sachverhalt. Bevor wir zu ihm gehören, so daß er uns als die Seinen kennt[93], befinden wir uns nicht in einem neutralen Niemandsland, sondern sind Satan untertan, gehören zu dessen »Seinen«, und Jesus muß uns ihm erst entreißen! Verständlich, daß Satan dagegen ankämpft und nicht aufgibt, obgleich er weiß, daß Jesus der Stärkere ist, dem der endgültige Sieg gehört.[94] Alles Bedrängende und Bedrohende an Manifestationen des Bösen in der Gegenwart (Kapitel 1 und 6), alle Verfolgung und Verführung von Gläubigen, ist von da her zu verstehen. Der endzeitliche Kampf Satans um seine Herrschaft richtet sich gegen die Gemeinde, den Leib Jesu, und jeder, der zu Jesus gehört, ist bedroht. »Wer sich läßt dünken, daß er stehe, mag wohl zusehen, daß er nicht falle.«[95]

Immer neu versucht Satan, Jesus das, was er gewonnen hat, ihm mit den Mitteln der List, der Lüge, der Heimtücke und der Gewalt wieder abzujagen. Er gebärdet sich wie einer, der ein verbrieftes Recht auf Beherrschung der Menschen hat. Wie Shylock im *Kaufmann von Venedig* besteht er skrupellos auf seinem »Schein«. Diese Hartnäckigkeit bedarf im Kampf des Gläubigen gegen Bedrohung durch Satan oder die Mächte der Finsternis im allgemeinen einer besonderen Seelsorge.

Die biblische Kennzeichnung Satans

Der biblische »Steckbrief« für Satan umfaßt im wesentlichen *sechs charakteristische Züge.* Er ist der »Fürst dieser

[92] Luk. 11,21–22
[93] Joh. 10,14
[94] Matth. 12,20; 1.Kor. 15,55; Offb. 19,11ff.; 20,7ff.
[95] 1.Kor. 10,12

Welt«.[96] Er ist der »Mörder von Anfang«.[97] Er ist der »Vater der Lüge«.[98] Er ist ein »fried- und ruheloser Geist«.[99] Er ist ein »unsauberer Geist«.[100] Er ist der »Feind und Widersacher Gottes«.[101]

Weitere Schriftstellen sind als Nachweise möglich; die angegebenen mögen genügen. Viele der genannten Wesenszüge zeigen sich auch in den Geistern, die zum Heer Satans gehören und in der Bibel böse Geister, Engel Satans oder Dämonen genannt werden (Kapitel 8). Sie unterstehen Satan und handeln auf seine Weisung. O. Michel[102] unterscheidet daher im biblischen Befund zunächst Satanisches und Dämonisches. Er sieht im Wesen des *Satanischen vor allem Versuchung, Verführung und Anklage,* im Wesen des *Dämonischen vor allem Übersteigerung, Mißbrauch und Verfall von Begabungen* (hierzu wäre auch Krankheit zu rechnen). Er erkennt aber im endzeitlichen Geschehen eine Steigerung und Maßlosigkeit, die Satanisches und Dämonisches zu einer einzigen Macht zusammenwachsen läßt. Damit verschärft sich die Situation zwischen Gott und Mensch.

Wenn Satan sich im Sichtbaren – in, mit und unter den Menschen – auch als der »Diabolos«, der Durcheinanderwerfer, erweist, im Unsichtbaren ist das Reich der Finsternis eine Herrschaft, ein Haushalt des »Bösen«[103], mit einer inneren Gesetzmäßigkeit und Zielsetzung. Die Bilder der Bibel zeigen eine Ordnung an, die nur durch Einbruch und Gewalt aufgelöst werden kann. Ohne diese innere, uns verborgene, aber sich stets enthüllende Ordnung ist das Geheimnis des Bösen nicht zu verstehen.[104]

[96] Joh. 12,31; 14,30; 16,11
[97] Joh. 8,44; 10,10
[98] Joh. 8,44; Apg. 5,3; 2.Kor. 11,14; 2.Thess. 2,9
[99] Jes. 48,22; 57,20–21; Luk. 11,24
[100] Matth. 10,1; Mk. 1,26; 3,11; 9,25; Luk. 11,24
[101] Matth. 13,25.39; Mk. 8,33; Luk. 10,19; Apg. 13,10; 1.Petr. 5,8
[102] s. 2. Kap., Anm. 16, S. 35, 76/77
[103] Mk. 3,24–27
[104] s. 2. Kap., Anm. 16, S. 75

Der satanische Einfluß

Die für Satan und die Dämonen charakteristischen Wesenszüge finden sich, vereinzelt oder gehäuft, in mannigfacher Ausprägung auch bei Menschen, die unter satanischem Einfluß stehen. Dieser Einfluß umfaßt ein ganzes Spektrum von Möglichkeiten. Am stärksten zeigt er sich bei Menschen, die sich *aus freier Entscheidung durch Wort und Handlung dem Machtbereich des Bösen unterstellen und verpflichten.* Daß es das auch in der Gegenwart und in starkem Maße gibt, ist Tatsache (Kapitel 1 und 6). Die Worte und Handlungen, so betont O. Michel, erweisen sich als wirksam: man tritt unter den Zwang des Satanischen und verliert die von Jesus geschenkte Freiheit. Man trennt sich vom Evangelium und hat einen Abscheu vor allem, was konkret, zeitlich und leiblich mit Gott selbst zusammenhängt. Gleichzeitig bindet man sich an Aussichten und Erwartungen im Bereich des Satanischen selbst. Daß in diesem Bereich Machtwirkungen möglich, ja, selbstverständlich sind, muß ausdrücklich zugestanden werden.[105] Je nach dem Grad der Hingabe und Verpflichtung kommt es zu einem totalen oder weniger starken Einfluß satanischer Mächte.

Ich fasse noch einmal kurz zusammen, was ich in Kapitel 9 ausführlich dargelegt habe. Denn ich treffe immer wieder auf Seelsorger, die nicht zu differenzieren verstehen und schon bei Anfechtungen oder okkulter Belastung von Besessenheit reden.

Die stärkste Möglichkeit ist die der *Besessenheit,* die im allgemeinen ohne Wissen und Willen des Betroffenen besteht. Ein oder mehr böse Geister fahren ein, d.h. nehmen vom Unsichtbaren her Besitz vom Menschen durch Innewohnen und beherrschen von dort aus sein Denken, Wollen und Handeln. Die Besessenheit kann ein Zustand von Dauer, aber auch ein Zustand sich wiederholender Phasen sein. Der Betreffende braucht im alltäglichen Leben nichts

[105] s. 2. Kap., Anm. 16, S. 76

Auffallendes an sich zu haben, ist aber im Geheimen an okkulten Praktiken beteiligt und hat Weisungen finsterer Mächte auszuführen. Eine schwächere Form ist die der *Umsessenheit,* bei der der satanische Einfluß ungebrochen, aber böse Geister nur von außen Einfluß auf den umsessenen Menschen und seine Umgebung ausüben können.

Die nächstschwächere Form ist die der *okkulten Bedrohung,* bei der Menschen im Dienste und unter dem Zwang Satans andere Menschen durch Zaubersprüche u.a. beeinflussen und ihnen Schaden zufügen oder sie zu Angst- und Verzweiflungshandlungen treiben.

Noch schwächer ist die Form der *okkulten Bindung* oder *Belastung.* Sie kann bei Menschen entstehen, die passiv oder geringfügig aktiv an okkulten Praktiken teilhaben oder teilhatten. Auch Verwünschungen anderer, die ihnen schaden wollen, können dazu beitragen. Schließlich können sie auch auf dem Weg einer geistlichen Vererbung von Vorfahren übertragen werden. Außerdem besteht noch die große Vielzahl von Möglichkeiten auf dem Gebiet der *Versuchungen* und *Anfechtungen.* Sie gehen letzten Endes ebenfalls von Satan aus und zielen auf Leib, Seele und Geist des Menschen.

So gewaltig sich die Macht Satans in all diesen Möglichkeiten seines Einflusses erweisen kann – ohne daß außer bei der erstgenannten eine Besessenheit vorliegt! – es gilt dennoch: *Nichts davon kann bestehen, sobald es vor Jesus gebracht wird.* Satan *ist* überwunden. Jesus hat ihn im Kampf am Kreuz besiegt (Kapitel 10). Die Macht des Namens Jesu und die Kraft des Blutes Jesu sind stark genug, um jeden noch so gewaltigen Einfluß Satans zu brechen. Davon berichtet nicht nur die Bibel, auch Berichte von den Missionsfeldern geben reiches Material über Befreiungen von Zauberern und Besessenen und Vernichtung von Angriffen des Feindes durch die Kraft Jesu.

Von den vorstehend genannten Einflußmöglichkeiten okkulter Art habe ich bereits in Kapitel 9 ausführlich gehandelt. Hier habe ich sie nur skizziert, um deutlich zu machen, daß die okkulte Behaftung, auf die ich anschließend eingehen will, nur als *eine* von ihnen anzusehen ist. Viele Seelsorger pflegen sämtliche okkulten Einflüsse pauschal als okkulte Belastung zu bezeichnen. Sie verstehen dann weder zu diagnostizieren noch die richtigen Gegenmaßnahmen zu ergreifen. Insbesondere gebieten sie oft Geistern, mit denen sie zu tun zu haben meinen, ohne daß Geister nahe sind. Das Gebieten ist nur im *Nahkampf mit Geistern* am Platze, d.h. bei Umsessenheit und Besessenheit. Bei den okkulten Beeinflussungen der Anfechtung, der okkulten Belastung und der okkulten Bedrohung geht es aber um *Fernwirkungen von Geistern*, denen man anders zu begegnen hat (Kapitel 9). Ein Gebieten in diesen Fällen ruft Geister erst herbei und verschlimmert nur den Zustand des Betroffenen.

Wichtig ist auch folgender Hinweis. Die vorstehend und in Kapitel 9 geschilderten satanischen Einflußerscheinungen können ununterscheidbar ähnlich bei bestimmten geistigen oder seelischen Erkrankungen wie Schizophrenie, Psychopathie, Psychose, Neurose, Depression u.a. auftreten. Das liegt an der List und Heimtücke Satans, der sich verbirgt, um so ungestörter seine verderblichen Ziele verfolgen zu können. *Medizinische oder tiefenpsychologische Kriterien zur Unterscheidung gibt es nicht.* Das beruht auf der Tatsache, daß Satan in seinem Wirken wissenschaftlich nicht greifbar ist. Für eine zutreffende Diagnose, ob psychische oder dämonische »Erkrankung« vorliegt, bedarf es geistlicher Vollmacht, insbesondere der Gabe der Geisterunterscheidung. Vor allen Dingen muß dringend davor gewarnt werden, daß ein so oder so Erkrankter sich selbst diagnostiziert. Ist eine Diagnose erforderlich und der Erkrankte im Glauben bereit, sich der Kraft Jesu anzuvertrauen, so ist unbedingt ein gläubiger Arzt oder ein erfahrener Seelsorger in Verbindung mit einem dafür offenen Arzt zu konsultieren.

Bei all dem Bösen, mit dem es Seelsorger zu tun bekommen, ist zu beachten, daß letzten Endes Gott und Jesus dahinter stehen und nicht Satan. Die Bibel sagt es deutlich genug, daß Gott sich für das Böse in der Welt verantwortlich weiß (Kapitel 7). Ich erwähne nur zwei Stellen: Der Herr macht alles zu seinem Zweck, auch den Gottlosen für den bösen Tag.[106] Und Gott spricht: »Ich bin der Herr und sonst keiner mehr, der ich das Licht mache und schaffe die Finsternis, der ich Frieden gebe und schaffe Unheil.«[107] Aus all dem Bösen, das Gott als der Herr der Geschichte zuläßt und in großer Geduld ausreifen läßt[108], entsteht bei Menschen Leid, Krankheit, psychische Störung, okkulte Beeinflussung und das auch bei gläubigen Christen. Der Seelsorger muß sehr darauf achten, daß er den Mächten der Finsternis nicht Ehre gibt, indem er Schwierigkeiten und Belastungen vorschnell dämonisiert und verteufelt. Gewiß hat der Seelsorger bei einer tiefergehenden Seelsorge, wie sie dies Buch darbieten möchte, auch gegen Finsternismächte zu kämpfen. Aber es sind von Jesus *besiegte Mächte.* Sie liegen an Ketten, und wenn die Ketten auch lang sind und noch viel Unheil zulassen: dem Worte Jesu müssen die Mächte sich beugen. Beim Kampf gegen Mächte der Finsternis kommt es entscheidend darauf an, daß Jesus, dem Sieger über alle diese Mächte, nicht die Ehre genommen wird. Wenn es zur Befreiung kommt, hat nicht der Seelsorger gesiegt, sondern allein Jesus. Die vornehmste und hilfreichste Einstellung des Seelsorgers heißt: Jesus allein Herr sein lassen.

Das bedeutet insbesondere, daß wir als Seelsorger die Art, wie Jesus seinerseits auf Kranke, Belastete und Besessene eingegangen ist, genau zu studieren haben. Schon bei Kranken ist er unterschiedlich vorgegangen; die Berichte darüber sind aufschlußreich. Auf *eine* Krankenheilung

[106] Spr. 16,4
[107] Jes. 45,6–7
[108] Matth. 13,30.39

möchte ich genauer eingehen. Da heißt es[109]: »Eine Frau war da, die hatte einen Geist der Krankheit achtzehn Jahre, und sie war verkrümmt und konnte sich nicht mehr aufrichten.« Von ihr sagt Jesus, daß sie »der Satan gebunden hatte nun wohl achtzehn Jahre«. Hier wird – das einzige Mal im Neuen Testament – von einem Geist der Krankheit gesprochen und Entstehen und Dauer der Krankheit von Jesus auf ein Einwirken des Satans zurückgeführt. Aber die Heilung bewirkt Jesus *nicht durch Gebieten*, weder gegen Satan noch gegen den Geist der Krankheit, sondern durch den Zuspruch: »Weib, sei von deiner Krankheit los!« sowie durch Handauflegung. Dies Vorgehen Jesu sollte zu denken geben. Ich verstehe den Zuspruch als segnenden Zuspruch, mit dem Jesus eine Verfluchung oder Verwünschung aufgehoben hat, die vor langer Zeit durch einen mit Satan paktierenden Menschen gegen die Frau ausgesprochen worden war. Sie gehörte also zu den okkult Belasteten.

Mit einem ähnlichen Zuspruch hatte Jesus einen Aussätzigen geheilt.[110] Und so ist auch die Heilung der Schwiegermutter von Petrus zu verstehen, bei der Jesus nach Lukas dem Fieber gebot (nicht aber einem Geist des Fiebers!), während Matthäus und Markus nur von einem Die-Hand-Fassen und Aufrichten sprechen. Bei der Heilung des fallsüchtigen Knaben berichten Matthäus und Lukas nur von einem Bedrohen des unsauberen Geistes. Markus allein ergänzt in seinem Bericht das Bedrohen durch ein Gebieten, so daß hier wohl Umsessenheit und Besessenheit nebeneinander bestanden haben (ein unsauberer Geist und ein sprachloser Geist).

Generell sollte die Schwierigkeit, mit der ein Mensch zum Seelsorger kommt, unter vier Gesichtspunkten gesehen werden:

- die Schwierigkeit kommt von Gott, von Jesus
- Jesus ist, als Herr über alles, dabei, auch wenn der Kranke nicht daran glaubt, nichts davon spürt

[109] Luk. 13,10ff.
[110] Matth. 8,3

– die Schwierigkeit hat ihren Sinn: der Kranke oder/und ein anderer soll etwas daraus lernen
– hat sie ihren Zweck erfüllt, nimmt oder lindert Jesus sie.

Alles in allem: Sie dient der Verherrlichung Jesu. Diese Sicht vermeidet, die Schwierigkeit nur negativ zu sehen, als etwas, das von Finsternismächten zum Schaden des Betroffenen herbeigeführt wurde und möglichst schnell beseitigt werden muß. Sie bewahrt vor dem Fehler, sich nur auf das Abwenden zu konzentrieren, und hilft dem Seelsorger, gelassen zu bleiben, in Ruhe zu diagnostizieren und sich in der Seelsorge ohne Zeitdruck von Jesus leiten zu lassen. Er weiß, auch finstere Mächte sind nur Werkzeuge in Jesu Hand. Selbst eine Besessenheit kann nur zustandekommen, wenn Jesus sie zuläßt.

Mögliche Arten okkulter Belastung

In Anlehnung an die sechs Wesenszüge, die die Bibel Satan und seinen Dämonen zuschreibt, zeigen sich entsprechende Eigenschaften und Zustände bei Menschen, die unter einen besonderen Einfluß Satans geraten sind. Da zunächst alle Menschen seiner Herrschaft unterworfen waren, treten diese Zeichen mehr oder weniger bei jedem auf. Ich beschränke mich hier auf okkult Behaftete, betone jedoch, daß die nachstehende systematische Aufzählung erstens nicht so verstanden werden darf, als ob alle Kennzeichen gesammelt auftreten könnten, und zweitens nicht dazu benutzt werden darf, sich selbst ohne Seelsorger einzustufen. Man hat stets die logisch richtige Reihenfolge zu beachten: *Wenn* jemand okkult belastet ist, *kann* die eine oder andere der nachstehend aufgezählten Eigenschaften verstärkt auftreten. *Nicht aber umgekehrt,* als ob einer, bei dem eins dieser Kennzeichen beobachtet wird, deshalb okkult belastet sei! Gläubige, die noch nicht lange im Glauben stehen oder noch nicht genügend im Glauben gefestigt sind, neigen leicht zu dieser falschen Schlußweise.

Ich ordne nach den oben angegebenen sechs Merkmalen:

1. Herrschsucht, Geltungsstreben, Stolz, Hochmut, Ehrgeiz, Ruhmsucht, Rücksichtslosigkeit, Habenwollen, Nichtloslassen, Ansichreißen, Geiz, Neid, Prunksucht, Genußsucht, Menschenverehrung sind Eigenschaften, die dem »Fürsten der Welt« entsprechen.

2. Streitsucht, Jähzorn, Haß, Eigensinn, Unversöhnlichkeit, Lieblosigkeit, Brutalität, Bosheit, Richtgeist, üble Nachrede, Rufmord, Sadismus, Selbstbeschädigung, Neigung zu und Vollzug von Selbstmord, Mordgelüste sind Eigenschaften, die dem »Mörder von Anfang« entsprechen. Hinzuzurechnen sind Erlebnisse mit Todesfolge, die einen »überkommen« können, wie Trunksucht, Drogenabhängigkeit, Unglücksfälle, selbstverschuldete schwere Erkrankungen.

3. Lust oder Zwang zum Lügen, Verheimlichen, Heuchelei, Tücke, Täuschung, List, Ausflüchte, Angeben, Verblendung, Selbstgerechtigkeit, Irreführung, Irrlehre, Irrglauben, Mißtrauen, Verschlossenheit sind Eigenschaften, die dem »Vater der Lüge« entsprechen.

4. Friedlosigkeit, innere und äußere Unruhe, Angst, Sorgengeist, Ungeduld, Kritiksucht, Aufregung, Depressionen, Selbstvorwürfe, Minderwertigkeitsgefühle, falscher Eifer, Kompensationsbestreben sind Eigenschaften, die dem »friedlosen Geist« entsprechen.

5. Unkeuschheit, freie Liebe, Ehebruch, Hurerei, Selbstbefleckung, Entblößungssucht, Selbstbefriedigung, Zuchtlosigkeit, Homosexualität, neue Moral, sexuelle Perversionen, dies alles (aktiv oder passiv geübt oder auch nur in Gedanken damit spielend oder Gefallen daran habend) sind Eigenschaften, die dem »unsauberen Geist« entsprechen.

6. Unlust zu Gottes Wort, Meiden von Gottesdienst, von Bibelstunde, Bibellesen, Abendmahl, Gebet, im Gottesdienst Unkonzentriertheit, Nichtzuhörenkönnen, Kirchenschlaf, Kleinglaube, Zweifel, Mangel an Heilsgewißheit, Selbstbestrafen, Nichtvergebenkönnen, Verstockung, Lästergedanken sind Eigenschaften, die dem »Widersacher Gottes« entsprechen.

Diese Kennzeichen sind zur Genüge bekannt. Sie gehören zum natürlichen Wesen des gefallenen Menschen und können sich in Gedanken, in Worten und in Taten äußern. Die Bibel spricht zusammenfassend von einem »fleischlichen« Wesen, da es im Gegensatz zu dem gottgewollten geistlichen Wesen steht, dem Wesen des »inwendigen« Menschen. Auch Menschen, die schon zum Glauben an Jesus gekommen sind und ein Glaubensleben führen wollen, hängt oft noch viel von diesem fleischlichen Wesen an wie Eierschalen. Paulus schreibt den Korinthern, denen er eineinhalb Jahre lang die volle Botschaft von der Erlösung durch Jesus verkündigt hatte: »Ich, liebe Brüder, konnte auch mit euch nicht reden als mit geistlichen Menschen, sondern als mit fleischlichen, wie mit jungen Kindern in Christus.«[111]

Mögliche Ursachen für okkulte Belastung

Um darüber etwas auszusagen, ob die (vorhin als falsch gekennzeichnete) umgekehrte Schlußweise in Ausnahmefällen zulässig ist, d.h. ob aus dem einen oder anderen verstärkt auftretenden Merkmal der Gruppen 1. bis 6. auf eine besondere satanische Beeinflussung, auf eine okkulte Belastung geschlossen werden kann, bedarf es einer sorgfältigen und behutsamen Anamnese. In dieser wäre zu klären, ob und wie weit der Betroffene oder seine Voreltern (sofern er etwas darüber weiß) Verbindung zu einer der nachstehend genannten vier Quellen haben oder gehabt haben. In diesen Quellen *können* mögliche Ursachen verborgen liegen.

1. Eine erste Quelle sind die ethisch-religiösen Geheimbünde wie Freimaurerlogen, Rosenkreuzorden, auch deren Neubildungen wie AMORC (antiquus mysticus ordo rosae crucis), ferner Logen der Weisheit, Geistige Logen u.ä. Sie arbeiten vorwiegend spiritistisch oder medial.

2. Eine zweite Quelle sind die atheistischen Weltanschauungen wie Kommunismus, Nationalsozialismus,

[111] 1.Kor. 3,1

Maoismus u.a. sowie die damit verbundenen Personenkulte. Sie verbieten und verhindern die Anbetung Jesu und des lebendigen Gottes.

3. Eine dritte Quelle ist die weiße Magie, die viel mit »biblischen« und »christlichen« Vokabeln umgeht und »göttliche« Hilfe oder »göttlichen« Frieden zu vermitteln verheißt. Sie rückt Jesus aus dem Zentrum und stellt zusätzliche Forderungen für die Gewinnung des »Heils«. Hierzu gehören Christliche Wissenschaft, Anthroposophie, Heilungsapostel und ihre (oft organisierten) Anhängerscharen, viele Sekten, manche schwarmgeistige, pfingstlerische Bewegungen, Einheitsreligionen wie die Bahai-Religion oder die Vereinigungskirche, die modernen meditativen Bewegungen asiatischen Einflusses u.a. Vorsicht ist aber auch mitunter geboten im Raum der Kirchen, sobald es nicht mehr allein um Jesus, den Auferstandenen und Gekreuzigten, geht, der allein das Heil gewirkt hat, allein der Mittler zwischen Gott und den Menschen ist, dem allein die Ehre gebührt.

4. Eine vierte Quelle ist die schwarze Magie, die direkt zu den Mächten der Finsternis Verbindung aufnimmt und vermittelt. Zu ihren Praktiken gehören Zauberei, Wahrsagen, Pendeln, Besprechen, Bepusten und andere magische Heilungsgebräuche, Tischrücken, Glasrücken, Ouija-Brett, Spiritismus, Totenbefragen, mediale Begabung oder Betätigung, Horoskope, Himmelsbriefe, Amulette und andere »Schutz«-Mittel, Verwünschen, Verfluchen, schwarze Messen, bestimmte Arten von Rock- und Beatmusik u.a. Hinzu kommen die zahllosen »Riten« des Aberglaubens: Daumendrücken, Bleigießen, Hals- und Beinbruch wünschen, mit »Unberufen« an Holz klopfen, Toi-toi-toi wünschen, Glücks- und Unglückstage, Glücks- und Unglückszeichen, Maskottchen und vieles andere.

Auch für diese Aufzählung gilt, daß sie nur *Möglichkeiten*, Beispiele, Hinweise und Warnungen gibt. In einem konkreten Fall müssen sie mit einem erfahrenen Seelsorger offen durchgesprochen und im Gebet vor Jesus gebracht werden, *ehe das Bestehen einer okkulten Belastung ausgesagt werden darf.*

Es ist gleichgültig, ob man die Teilhabe oder das Mitmachen bei den aufgeführten Gruppen und Praktiken *ernst nimmt oder nicht, ob man an eine Wirkung glaubt oder nicht,* ob man *aktiv* oder nur *passiv* daran beteiligt ist oder war. Es widerspricht alles dem eindeutigen Gebot Gottes, und er warnt uns nur zu unserem Besten. Er will nicht, daß wir in Abhängigkeit von der Macht der Finsternis geraten.

Biblische Warnung

Dieses ganze Kapitel orientiert sich an der biblischen Warnung, die Gott durch Mose dem Volke Israel geben ließ[112]: »Wenn du in das Land kommst, das dir der Herr, dein Gott, geben wird, so sollst du nicht lernen, die Greuel dieser Völker zu tun, daß nicht jemand unter dir gefunden werde, der seinen Sohn oder seine Tochter durchs Feuer gehen läßt oder Wahrsagerei, Hellseherei, geheime Künste oder Zauberei treibt oder Bannungen oder Geisterbeschwörungen oder Zeichendeuterei vornimmt oder die Toten befragt. Denn wer das tut, der ist dem Herrn ein Greuel, und um solcher Greuel willen vertreibt der Herr, dein Gott, die Völker vor dir. Du aber sollst untadelig sein vor dem Herrn, deinem Gott. Denn diese Völker, deren Land du einnehmen wirst, hören auf Zeichendeuter und Wahrsager; dir aber hat der Herr, dein Gott, so etwas verwehrt. Einen Propheten wie mich wird dir der Herr, dein Gott, erwecken aus dir und aus deinen Brüdern; dem sollt ihr gehorchen.«

Hier wird dem Volk Israel durch Mose eine Warnung des lebendigen Gottes gegeben. Sie sollen sich nicht auf das Brauchtum der Umwelt einlassen. Diese Umwelt wird Gott dereinst um der gottwidrigen Bräuche willen vernichten. Entsprechend gilt heute den Gläubigen die Warnung als dem neuen Gottesvolk, das Gott aus der Knechtschaft unter die Macht der Finsternis und der Sünde herausgeführt hat. *Auch wir sollen uns nicht auf die Bräuche und Gepflogenheiten der Welt um uns einlassen, auch wenn sie sich uns*

[112] 5. Mose 18,9–15

geradezu aufdrängen (vgl. Kapitel 1 und 6). Wir sollen uns auch nicht durch geschickte Tarnung mit Kreuzschlagen und Anrufen der »drei höchsten Namen« blenden lassen. Es ist Finsternis, auch wenn sie sich verstellt[113], und wir sollen uns dieser Welt nicht gleichstellen. Sie vergeht und wird am Ende der Zeit mitsamt der Finsternis von Gott vernichtet werden.[114] Den durch Mose angekündigten Propheten hat er aus dem Volke Israel erweckt: Jesus Christus. An ihn allein sollen wir uns halten. Ihm allein sollen wir gehorchen. *Er allein kann uns jederzeit und überall in jeder Lage die Hilfe geben, die wir brauchen.*

14. Kapitel: **Befreiung von okkulter Belastung**

Eine notwendige Ordnung

Ist nach sorgfältiger Prüfung und unter Gebet erkannt, daß jemand unter okkulter Belastung steht – wobei auch hier zu empfehlen ist, daß möglichst *zwei* Seelsorger sich die Gewißheit haben schenken lassen[115] – so soll im Namen Jesu eine Absage an den Teufel gebetet werden, die mit einer Hingabe an Jesus verbunden ist. Näheres hierzu folgt.

O. Michel schreibt[116]: »Es gehört zur Vollmacht Jesu, zur Kraft seines Namens, satanische Macht zu brechen. Aber auch dies Brechen hat seine Ordnung: das Geheiligtsein des helfenden Zeugen und die Willigkeit, die Hilfe anzunehmen. Entscheidend sind a) das Bekenntnis der Schuld, b) die ausdrückliche Buße und Absage, c) das Anrufen des Namens Jesu. Das bloße Sichsträuben bzw. Leidtragen, das gewissensmäßig den satanischen Zerstörungsprozeß begleiten kann, genügt nicht zur Brechung von Gewalt. Wer einen Bund mit dem Satanischen geschlossen hat, muß diesem Bund unter *Gegenwart von Zeugen* absagen.« Ich führe Näheres hierzu aus meiner Sicht aus und füge hinzu: Ein

[113] 2.Kor. 11,13–15
[114] Offb. 20,12.14.15
[115] Matth. 18,19
[116] s. 2. Kap., Anm. 16, S. 76

Bund liegt bereits vor, wenn bewußt oder unbewußt okkulte Praktiken in Anspruch genommen worden sind.

Die Willigkeit des Belasteten

Der die Hilfe braucht, wird sicher wünschen, daß ihm die Last genommen wird. *Entscheidend aber ist, ob er sie sich von Jesus nehmen lassen will.* Das setzt voraus, daß er an Jesus glaubt oder zumindest bereit ist, sich Jesus für sein weiteres Leben voll anzuvertrauen. Der Absage, die er zu beten hat, *muß* eine Hingabe an Jesus folgen, und die Hingabe muß aufrichtigen Sinnes geschehen. Solange das nicht voll gesichert ist, darf das Absagegebet nicht angeboten werden. Der Seelsorger muß dem Belasteten deutlich sagen, daß *er* keine Hilfe geben kann, daß Hilfe nur von Jesus kommen könne. Um diese darf gebetet werden, jedoch nicht so sehr aus selbstsüchtigen Gründen (um Befreiung zu erfahren), sondern in erster Linie dazu, *daß Jesu Name verherrlicht wird.*

Ist die Willigkeit, sich von Jesus helfen zu lassen, beim Belasteten nicht vorhanden, so kann die Seelsorge nur mit *dem* Ziel weitergeführt werden, ihn zum Glauben an Jesus zu führen. Bei der Absage geht es ja auch um Sündenerkenntnis, um echte Reue und Buße, um Bekennen von Schuld. Gegebenenfalls sollte sich für den Belasteten ein Gebetskreis bilden, der (ohne ihn selbst) nur für dieses Nahziel betet. Doch müssen die Glieder des Gebetskreises wissen, daß sie sich damit in einen Kampf mit der Finsternis einlassen. Sie sollen daher, ebenso wie der helfende Seelsorger, geheiligte Gläubige sein.

Hat der Seelsorger den festen Eindruck, daß der Belastete sich von Jesus helfen lassen will, aber, eben aufgrund seiner Belastung, das nicht zum Ausdruck bringen kann oder zu bringen wagt, so besteht die Möglichkeit, als erstes die Hingabe an Jesus mit ihm zu beten und erst danach die Absage an den Teufel. Es kann auch sein, daß der Belastete die Worte des Absage- und des Hingabegebetes – die ihm vorzusprechen sind – nur schwer, nur zögernd und mit langen Pausen hervorbringt. *Dann darf er auf keinen Fall gedrängt werden.* Der Seelsorger und anwesende Zeugen müssen in solcher Lage in der Stille Jesus anrufen, daß er dem Belasteten die Kraft und die Fähigkeit zum Gebet – zur Absage und zur Hingabe – schenke.

Das Geheiligtsein der Helfer

Jesus betet für seine Jünger[117]: »Vater, heilige du sie in der Wahrheit; dein Wort ist die Wahrheit. Gleichwie du mich gesandt hast in die Welt, so sende ich sie auch in die Welt. Ich heilige mich selbst für sie, auf daß sie geheiligt seien in der Wahrheit.« Dies zeigt den großen Unterschied zwischen Jesus und uns. Er allein kann sich selbst heiligen und hat es getan. *Wir dagegen müssen, und zwar durch ihn, geheiligt werden.* Was unsere Heiligkeit ausmacht, ist die Wahrheit, das Wort Gottes, d.h. Jesus selber. So wie Jesus ganz mit dem Vater verbunden war, müssen wir ganz mit Jesus verbunden sein, wenn wir wahrhaft für ihn wirken können wollen. Wahrheit ist auch der Gürtel, der als erstes mit der Waffenrüstung Gottes[118] angelegt werden soll. Nur im festen Gegründetsein in Jesus, im Worte Gottes haben wir den Schutz gegen den, der der Vater der Lüge ist. Dieser legt es stets darauf an, Jesus die Ehre zu nehmen. Da er an ihn selbst nicht heran kann (Joh. 14,30), tut er es in der Weise, daß er sich an Jesu Jünger hält und diese stolz, eingebildet und selbstbewußt macht – so, als ob *sie* das Wunder der Befreiung oder Heilung oder Bekehrung vollbracht hätten oder vollbringen könnten. Damit jedoch verlassen sie den Boden der Wahrheit und verlieren ihre Heiligung. Zum festen Gegründetsein der Jünger Jesu in ihrem Herrn gehört die volle Unterordnung: die volle Hingabe, der volle Gehorsam, die volle Liebe, die alles fahren läßt, auf daß nur er, der Herr, verherrlicht, ihm allein die Ehre gegeben wird.

[117] Joh. 17,17–19
[118] Eph. 6,14

Alles das sind Voraussetzungen, um im Segen für Jesus wirken zu können. *Aber erzwungen werden kann besondere Vollmacht nicht. Sie ist nur Gabe und auch nicht Gabe auf Dauer.* Sie kann von Jesus gegeben und auch wieder genommen werden. Im allgemeinen führt er Menschen, denen er Befreiung von okkulter Belastung schenken will, zu seiner Zeit einem bevollmächtigten Seelsorger zu. Dieser sollte selbst von okkulter Belastung losgesprochen sein[119] und durch Geistesleitung erkennen können, wann alles bereit ist.[120]

Voraussetzungen beim Belasteten

Wie schon eingangs bemerkt, ist Glaube an Jesus als den Erlöser und Herrn erforderlich und die Bereitschaft, von ihm her – nicht von einem Menschen – die Hilfe zur Verherrlichung seines Namens anzunehmen. Der Seelsorger muß sich hierüber unter Gebet die geistliche Gewißheit schenken lassen, unter Umständen nach Rücksprache und Gebet mit einem anderen Seelsorger.

Weitere Voraussetzungen beim Belasteten ist die Erkenntnis der okkulten Belastung im eigenen Leben wie bei den Vorfahren, gegebenenfalls auch beim Ehepartner und seinen Vorfahren. Die Erkenntnis wird selten vollständig sein. Es ist wie bei einer Beichte: nur das, was bekannt ist, ist zu bekennen, das aber wahr und vollständig. Ängstlichem Nachforschen soll der Seelsorger wehren. Aber die Erkenntnis muß mit der Einsicht in die eigene Schuld bzw. Schuldverhaftung verbunden, der aufrichtige Wille zur Buße und Beichte vor Jesus vorhanden sein. Die Absage wird im Einverständnis mit dem Belasteten in Gegenwart von Zeugen gebetet. Nach der Beichte hat sich der Belastete von allen *Dingen* zu lösen, mit denen er es bei okkulten Praktiken zu tun hatte: Amulette, Talismane, Briefe, Broschüren, Bücher, Schallplatten, Geräte usw. Alles das ist zu vernichten, nach Möglichkeit zu verbrennen. Auch Geheimworte

[119] Matth. 15,14 [120] Joh. 16,13

wie das Mantra bei der Transzendentalen Meditation sind preiszugeben.

Die eigentliche Absage und Hingabe

Ist die Beichte erfolgt und ist sich der Seelsorger nach Zuspruch der Vergebung im Namen Jesu gewiß, daß alles für die Absage bereit ist, wiederum: ist er sich darüber auch mit einem Bruder oder einer Schwester einig geworden[121], so darf die Absage gebetet werden. Ich empfehle, daß alle Anwesenden dazu niederknien zum Zeichen, daß sie sich gemeinsam vor Jesus beugen. Das Gebet gliedert sich in vier Teile:

a) *Vorbereitendes Gebet* des Seelsorgers zur Reinigung der Anwesenden und des Raumes durch das Blut Jesu und Bitte um den Schutz seiner Engel zur Bewahrung vor dem Bösen.

b) *Beten der Absage und der Hingabe* durch den Belasteten, wobei der Seelsorger das Gebet in kleinen Abschnitten vorspricht.

c) *Lossprechung* des Belasteten im Namen Jesu durch den Seelsorger.

d) *Dankgebet* des Seelsorgers und (nach Vermögen) auch des ehemals Belasteten und nun Befreiten. *Gemeinsames Danklied.*

Die Gebete zu a) und d) sind freie Gebete des Seelsorgers. Für b) benutze ich folgende Fassung in drei Zielrichtungen (die Schrägstriche zeigen mögliche Unterteilung beim Vorsprechen an):

Herr Jesus Christus, in deinem Namen sage ich mich los / vom Teufel und all seinen Werken und all seinem Wesen. / Nichts mehr soll mich an ihn oder seine Mächte binden.

Herr Jesus Christus, in deinem Namen sage ich mich los / von jedem Einfluß der Macht der Finsternis, / der durch meine Eltern und Voreltern auf mich gekommen ist.

[121] Mk. 6,7

Herr Jesus Christus, in deinem Namen sage ich mich los / von allen Dingen des Aberglaubens, / mit denen ich selbst bewußt oder unbewußt zu tun gehabt, / auf die ich selbst bewußt oder unbewußt mein Vertrauen gesetzt habe.

Hier ist im einzelnen zu nennen, was der Betende getan und worauf er sich eingelassen hat, auch was an ihm als Kind geschehen ist. Im übrigen mag auch dieses Absagegebet der Seelsorger in den angegebenen Linien nach eigener Form gestalten. Es geht nicht um eine magische Formel, sondern um ein Beten in Vollmacht.

Hieran schließt sich das Hingabegebet, das ebenfalls vom Seelsorger vorzusprechen ist:

Ich übergebe mich dir, Herr Jesus, als dein Eigentum / für Zeit und Ewigkeit. / Niemand und nichts anderes soll über mich herrschen, / nur du allein. / Hilf mir bitte, daß ich in deinem Licht wandeln kann. Amen.

Auf Absage und Hingabe erfolgt durch den Seelsorger die Lossprechung im Namen Jesu. Sie gehört dazu wie der Zuspruch der Vergebung zu einer Beichte. Ich benutze für c) folgende Fassung.

Herr Jesus Christus, du hast deinen Jüngern Weisung und Vollmacht gegeben: Was ihr auf Erden lösen werdet, soll auch im Himmel gelöst sein; was ihr auf Erden binden werdet, soll auch im Himmel gebunden sein. Auf dieses dein Wort hin löse ich jetzt in deinem Namen diesen Bruder ... (diese Schwester ...) von allen Bindungen und Belastungen durch die Macht der Finsternis, in denen er (sie) noch gefangen ist. Ich löse ihn (sie) davon und binde alles, womit er (sie) bisher belastet war, in deinem Namen an dein Kreuz, für Zeit und Ewigkeit. Amen.

Im Anschluß an das dann folgende Dankgebet d), das sich etwa an Jesu Zusage ausrichtet »Wen der Sohn frei macht, der ist recht frei«, sollte gemeinsam ein Dank- oder Loblied gesungen werden, z.B.: Daß Jesus siegt, bleibt ewig ausgemacht, sein wird die ganze Welt, oder: Jesus ist kommen, Grund ewiger Freude.

Jesus ist Herr, und wenn er auch seinen Jüngern Weisung und Vollmacht gegeben hat, daß sie für ihn wirken sollen, so kann er doch jede Ordnung durchbrechen, um uns deutlich zu machen, *daß keine Ordnung Routine werden darf, sondern immer wieder neu von ihm her mit Leben gefüllt werden muß.* Man denke an Jesu Haltung gegenüber den Pharisäern hinsichtlich des Sabbatgebots[122]: »Der Sabbat ist um des Menschen willen gemacht und nicht der Mensch um des Sabbat willen. So ist des Menschen Sohn ein Herr auch über den Sabbat.«

In diesem Sinne kann es geschehen – und ist nach meiner Erfahrung auch geschehen –, daß Jesus die Befreiung von okkulter Belastung schon nach der Beichte der belastenden Dinge schenkt oder nach der Beichte aufgrund einer vollmächtigen Fürbitte um Befreiung, ohne daß die Absage und Hingabe nach der hier gegebenen Ordnung gebetet zu werden brauchte.

Ist jemand *verwünscht oder verflucht* worden, so ist dies sowohl in die Absage wie in die Lossprechung ausdrücklich aufzunehmen. Besteht keine Gewißheit darüber, aber eine Vermutung oder Möglichkeit, so ist es demgemäß zu berücksichtigen, etwa in der Form: »Sollte ich verwünscht worden sein oder ein Zauber oder ein Fluch auf mir liegen, so sage ich mich im Namen Jesu davon los. Die Kraft seines Blutes mache Verwünschung, Fluch, Zauber zunichte.« Entsprechendes ist in der Lossprechung zu beten.

Ist jemand *geistig unmündig,* sei es als Kind (bis etwa zum Eintritt der Pubertät) oder als Pflegefall (im hohen Alter oder als geistig Behinderter) und es besteht eine okkulte Belastung oder kann als höchstwahrscheinlich angenommen werden, so kann eine stellvertretende Absage und Hingabe erfolgen. In dem Gebet zu b) ist jeweils hinter »sage ich

122 Mk. 2,27–28

mich los« einzufügen: »stellvertretend für . . .« unter Nennung des Namens. Bei der Hingabe bete man:

Ich übergebe dir, Herr Jesus, mein Kind . . . (meine Mutter . . ., mein Patenkind . . .) / als dein Eigentum für Zeit und Ewigkeit. / Niemand und nichts anderes soll über sie (ihn) herrschen, / nur du allein.

Die stellvertretende Absage und Hingabe können Familienglieder vollziehen, die selbst abgesagt haben und losgesprochen sind und möglichst in auf- oder absteigender Linie mit dem Unmündigen verwandt sind, jedenfalls in sehr naher Beziehung zu ihm stehen.

Ist der Belastete *verheiratet oder hat er vor-, außer- oder unehelichen Geschlechtsverkehr* gehabt, so ist – nachdem letzteres in der Beichte vor Jesus gebracht ist – alles zusammen auch in Absage und Lossprechung hineinzunehmen, etwa in der Form (im Anschluß an die mittlere Absage):

Ebenso sage ich mich los von jedem Einfluß der Macht der Finsternis, der durch meinen Mann und seine Vorfahren (durch meine Frau und ihre Vorfahren, durch . . . und ihre/seine Vorfahren) auf mich gekommen ist.

Hierbei sind die Namen derer zu nennen, mit denen nichteehelicher Intimverkehr stattgefunden hat. Eine noch bestehende freie Partnerschaft mit Intimverkehr muß aufgegeben werden, um der von Gott gegebenen Ordnung willen (man bedenke hierzu 5. Mo. 22,20–29).

In bezug auf den *Ehepartner* enthalte man sich zunächst eine Zeitlang des Verkehrs gemäß den Weisungen 1. Kor. 7,5–6 und 1. Petr. 3,7b. Ist der Ehepartner gläubig, so berichte man ihm von der Absage und der Hingabe. Vielleicht ist er bereit, auf dieses Zeugnis hin ebenfalls eine Absage und Hingabe zu beten. Ist er noch nicht gläubig, so belasse man ihn oder bringe ihn erneut (unabhängig von einer möglichen Absage) in der Fürbitte vor Jesus. Auf jeden Fall empfehle ich im Anschluß an die eigene Absage ein Fürbittgebet gemeinsam mit dem Seelsorger, etwa in der Form:

Herr Jesus, ich danke dir für die Befreiung, die du mir geschenkt hast, auch für die Befreiung von Belastungen, die unter Umständen durch die Familie meines Mannes (meiner Frau) auf mich gekommen sind. Du hast die Kraft, mich beim Zusammenkommen mit ihm (ihr) vor neuer Belastung zu bewahren. Darum bitte ich dich sehr. Aber noch mehr bitte ich dich darum, daß du meinem Mann (meiner Frau) alle Belastung nimmst, die auf ihm (ihr) liegen mag, um deines Namens willen. Amen.

Eigene Erfahrungen

Ich gebe keine Beispiele aus der Seelsorge, weil das Gebeichtete ein für allemal im großen Meer der Liebe Gottes versenkt ist. Ich beschränke mich auf meine Person; es geht mir um das Handeln Jesu.

Sehr eindrücklich ist mir seine strikte Beachtung des *Geheiligtseins des helfenden Zeugen* geblieben. Ich hatte zusammen mit einem Bruder in Christus einem kranken Menschen nach Jak. 5,14 die Hände aufgelegt und um Gesundung gebetet, aber die Erhörung wurde nicht geschenkt. Nach einiger Zeit wurde mir bewußt, daß ich eine unvergebene Schuld mit mir herumtrug. Ich bereinigte sie vor Gott und Menschen, etwa drei Monate nach jenem Heilungsgebet. Am gleichen Tage trat die Gesundung ein, wie ich später erfuhr.

Durch recht demütigende Umstände wurde ich selbst zu einem Absagegebet geführt. Nach dem Tode meines Vaters nahmen meine Frau und ich meine damals 86jährige Mutter zu uns. Die Hauptlast der Pflege lag auf meiner Frau. Aber auch mir oblag manches Schwere, vor allem des Nachts, wo eine motorische Unruhe meine Mutter in der Wohnung umhertrieb und stets zu befürchten war, daß sie fortlief, ohne zu wissen, woher und wohin. Eine Cerebralsklerose hatte ihr das Gedächtnis fast ganz genommen. So saß ich nachts Stunden bei ihr, um sie mit Beten und Singen zu beruhigen. Das zermürbt, wenn es über Monate Nacht für Nacht geschieht und dabei die berufliche Tagesarbeit voll durchgestanden werden muß. Obgleich ich schon lange im Glauben stand und oft zu Diensten für Jesus herangezogen wurde, brachte ich bei dieser nervlichen Belastung nicht die notwendige Geduld und Freundlichkeit auf, um immer liebevoll auf meine Mutter einzugehen. Ich begann zu murren und mit ihr zu hadern! Darüber zutiefst erschrocken und unglücklich schrie ich zu Jesus. Und aus dieser tiefsten Verzweiflung heraus erhörte er mich eines Nachts unmittelbar: Durch einen Telephonanruf von dritter Seite bahnte er mir den Weg zu dem Seelsorger, den ich in meiner Situation brauchte. Bei ihm habe ich gebeichtet und die Absage und die erneute Hingabe gebetet. Meine okkulten Belastungen (Vater war Freimaurer, ich selbst als Soldat und als Beamter unter Hitler auf diesen vereidigt, als Student Teilnehmer bei Tischrücken, Telepathie u.a.) hatten mich nicht gehindert, zum Glauben an Jesus zu kommen und für ihn zu wirken. Aber als es zu einer Zerreißprobe kam, zeigte sich mit Ungeduld, Unfreundlichkeit, Lieblosigkeit, häßlichen Gedanken u.a. das alte natürliche Wesen bei mir. Doch Jesus hat mir nicht nur die Gelegenheit gegeben, das zu erkennen und zu bereuen, sondern auch die Möglichkeit, davon frei zu werden.

Bei dem gleichen Seelsorger hatte ich noch an dem Tage meiner eigenen Absage und Hingabe auch eine stellvertretende Absage und Hingabe für meine (bereits wieder unmündige) Mutter gebetet. Und auch sie wurde frei! Ruhig und ungestört verliefen von da an die Nächte. Sie lebte noch viele Jahre bei uns, bis sie mit 94 Jahren heimgehen konnte. Nur die köperliche Pflege war noch zu leisten. Auch dazu gab Jesus Kraft. Meine Frau und ich danken es ihm, daß er uns durch Nöte und Dienst viel lernen ließ.

Noch einiges Grundsätzliche

Im Anschluß an die beiden letzten Kapitel könnten einige Fragen auftauchen, auf die ich zum Schluß noch eingehen möchte.

1. *Soll man überhaupt davon reden, von okkulter Belastung und Absage? Macht man damit nicht unnötig Angst?*

Gewiß kann es Angst bereiten, wovon hier die Rede war. Nicht davon reden, hieße aber, vor einer okkulten Belastung den Kopf in den Sand zu stecken. Jesus sagt uns: »In der Welt habt ihr Angst, aber seid getrost, ich habe die Welt überwunden.«[123] Und meine Ausführungen sollen im Grunde nur dieses Wort Jesu bestätigen, daß alle Ängste, die im Zusammenhang mit okkulten Mächten auftauchen könnten, in ihm bereits zur Ruhe gekommen sind.

2. *Muß man unbedingt ein Absagegebet beten, wenn ein Verdacht oder eine Möglichkeit von okkulter Belastung besteht?*

Nein, keineswegs! Das Beten von Absage und Hingabe ist kein theologisches »superadditum«, das noch zum Glaubensentscheid für Jesus dazukommen müßte, um das ewige Leben zu erhalten. Der Glaube allein genügt. Das sagt uns die Bibel mehr als einmal: »Also hat Gott die Welt geliebt, daß er seinen eingeborenen Sohn gab, auf daß alle, die an ihn glauben, nicht verloren werden, sondern das ewige Leben haben.«[124] »Wer an den Sohn glaubt, der hat das ewige Leben.«[125] »Wahrlich, wahrlich, ich sage euch: Wer mein Wort hört und glaubet dem, der mich gesandt hat, der hat das ewige Leben und kommt nicht in das Gericht, sondern er ist vom Tode zum Leben hindurchgedrungen.«[126] »Wahrlich, wahrlich, ich sage euch: Wer an mich glaubt, der hat das ewige Leben.«[127] »Denn so du mit deinem Munde bekennst Jesus, daß er der Herr sei, und glaubest in deinem Herzen, daß ihn Gott von den Toten auferweckt hat, so wirst du gerettet.«[128] Unter den an Jesus Glaubenden waren und werden stets viele sein, die trotz einer möglichen okkulten Belastung allein durch den Glauben und das Wirken Jesu an ihnen von jeder Belastung frei wurden und werden.

[123] Joh. 16,33
[124] Joh. 3,16
[125] Joh. 3,36
[126] Joh. 5,24
[127] Joh. 6,47
[128] Röm. 10,9

Man denke an Jesu Wort[129]: »Ihr seid schon rein um des Wortes willen, das ich zu euch geredet habe«.

3. *Warum dann überhaupt ein Absagegebet?*

Die Antwort gibt das Wort Jesu, das er uns als Verheißung gibt: »Ich bin gekommen, daß sie das Leben und volle Genüge haben sollen.«[130] Es gibt viele Gläubige, die in ihrem Glaubensleben mit wenigem zufrieden sind, wo sie doch Leben und Freiheit in Fülle durch Jesus haben könnten. Und Jesus wiederum sucht Jünger, die er beauftragen und senden kann. Daran liegt es, daß er immer wieder einzelnen nachgeht, sie die Belastung erkennen läßt und einem bevollmächtigten Seelsorger zuführt.

4. *Soll man, wenn man bereits abgesagt hat,* später aber neue okkulte Umstände aus dem eigenen Leben erfährt (oder aus dem der Vorfahren oder anderer Menschen, von denen etwas überkommen sein könnte), *noch einmal eine Absage beten?*

Nein, keineswegs! Die erste Absage genügt; sie stellt eine Aufkündigung an den alten Herrn dar, den Fürsten der Welt, die – einmal vollzogen – ein für allemal gültig ist und bleibt. In sie ist auch das Neue, das man erst hernach erfahren hat, eingeschlossen. Es hieße, den Teufel zu wichtig nehmen und ihm Ehre geben, wollte man sich ihm erneut zuwenden, wenn auch nur mit einer Absage. Erforderlich ist nur die Beichte – das Bekenntnis der neuen Umstände und der Zuspruch der Vergebung – sowie eine neue dankbar Hingabe an Jesus. Im Gegensatz zur Absage kann die Hingabe an Jesus immer wieder gebetet werden. Wie Braut und Bräutigam sich oft ihrer Zuneigung versichern, so darf jedes Glied der Brautgemeinde immer wieder dem Bräutigam seine Liebe bekennen.

5. *Gibt es eine biblische Weisung, eine Schriftstelle für ein Absagegebet?*

In expliziter Form nicht, *wohl aber der Sache nach.* Zunächst ist aus der frühen Christenheit bekannt, daß es bei

[129] Joh. 15,3 [130] Joh. 10,10

Gläubiggewordenen, die aus dem Heidentum zu Jesus fanden, im Zusammenhang mit der (Erwachsenen-)Taufe geübt wurde. Ich möchte annehmen, daß diese Übung bis in die erste Generation, d.h. bis zu den Aposteln zurückreicht, wie vielleicht aus dem Vorgang in Ephesus zu entnehmen ist.[131] Bis in das 19. Jahrhundert hinein wurde eine Form der stellvertretenden Absage auch bei der Kindertaufe vollzogen, indem der Priester oder Pfarrer den Täufling im Namen Jesu durch die Taufe aus dem Machtbereich der Finsternis herauslöste und in das Reich des Sohnes versetzte. Die evangelische Kirche hat seit dem vergangenen Jahrhundert mehr und mehr von dem ersten Akt (der Herauslösung im Namen Jesu) abgesehen, da Existenz und Wirksamkeit von Teufel und Finsternismächten mehr und mehr bezweifelt und schließlich weithin geleugnet wurden.

Die biblische Grundlage für das Absagegebet scheint mir die (in diesem Zusammenhang geistlich zu deutende) Mahnung zu sein[132]: »Ziehet nicht am fremden Joch mit den Ungläubigen. Denn was hat die Gerechtigkeit zu schaffen mit der Ungerechtigkeit? Was hat das Licht für Gemeinschaft mit der Finsternis? Wie stimmt Christus mit Belial? Oder was für ein Teil hat der Gläubige mit dem Ungläubigen? ... Darum gehet aus von ihnen und sondert euch ab, spricht der Herr, und rühret kein Unreines an, so will ich euch annehmen.« Das »fremde Joch« ist die Herrschaft, die der Fürst der Welt bei den Menschen ausübt. Der Gläubige soll sich davon trennen, wobei – genau wie das »Joch« – Trennung und Absonderung rein geistlich zu verstehen sind. Der Glaube an Jesus ist bereits geschenkt, aber Bindungen an den alten Herrn noch nicht oder nicht vollständig gelöst. Deshalb werden wir als Gläubige aufgefordert, klare Verhältnisse in unserem geistlichen Stande zu schaffen und die Trennung zu vollziehen. Das geschieht durch die Absage an den alten Herrn und die Hingabe an den neuen Herrn.

131 Apg. 19,18–19
132 2.Kor. 6,14–17

15. Kapitel: **Grenzzonen zum Okkulten**

Verlangen nach Heilung

Krankheit gehört zum Leben eines jeden Menschen, auch von gläubigen Christen. Wir leben in einer gefallenen Schöpfung, in die der Tod – nicht nur der geistliche, sondern mit ihm auch der physische Tod – als Folge der Trennung von Gott unausweichlich eingezogen ist. Seine Vorboten sind Krankwerden und Altern. Gott hat uns aber damit nicht allein gelassen. Von ihm kommen Arzt, Apotheker und Medizin. Im Krankheitsfalle sollen und dürfen wir sie in Anspruch nehmen. Geschieht das, so brauchen wir uns der Krankheit und ihren medizinischen Helfern nicht ohne Nachdenken anzuvertrauen. Auch wenn Kranksein meist negativ, als Störung oder Behinderung, empfunden wird, läßt es sich doch auch positiv werten. Es kann für jeden Kranken ein Anruf sein, das persönliche Verhältnis zu Gott, und zwar zu dem lebendigen Gott der Bibel, zu überprüfen: Wozu läßt Gott mich krank werden? Glaube ich wirklich an den Gott, der sich in der Bibel offenbart? Oder habe ich einen Gott eigener Vorstellung? Frage ich nach dem Plan Gottes für mein Leben? Verdränge ich Schuld gegen Gott und gegen Mitmenschen ins Unbewußte? Weiß ich um das Erlösungswerk Jesu Christi? Weiß ich, daß er auch meine Schuld am Kreuz von Golgatha gebüßt hat? Weiß ich um die Möglichkeit von Gebet, von Beichte, von seelsorgerlichem Gespräch? Wenn Krankheit zu solchem Fragen und Nachdenken über sich selbst geführt hat, sollte neben einem Arzt auch ein Seelsorger aufgesucht werden.

Aber da setzt für viele das Problem ein. Auf der einen Seite fehlt das Vertrauen in die moderne Medizin mit den Nebenwirkungen von Medikamenten, dem Überlastetsein der Ärzte, der unpersönlichen Behandlung in Krankenhäusern. Auf der anderen Seite hat man kaum Kontakt zu wirklich gläubigen christlichen Kreisen und kennt noch weniger einen vertrauenswürdigen Seelsorger. Hinzu kommt die Angst, mit seinen inneren und äußeren Nöten nicht verstanden zu werden, sich bloßzustellen, ohne richtig angenommen zu sein. Man möchte als Mensch, nicht als Nummer behandelt werden. Das führt viele Menschen, auch immer wieder viele Christen dazu, bei dem Verlangen nach Heilung statt einer Behandlung durch erfahrene Ärzte sich »alternativen Heilungsangeboten« anzuvertrauen. Dazu gehören Ganzheitsmedizin, Biologische Medizin, Heilpraktikerbehandlung, Homöopathie und Methoden wie Akupunktur, Augendiagnose, Reflexzonenmassage, Erdstrahlenabschirmung, Heilkräuter u.a. Neuerdings machen »Geistheiler« in England von sich reden.

Mit diesem Hinweis erhebt sich für gläubige Christen meist ein neues Problem. Es gibt doch gläubige Heilpraktiker und auch gläubige Homöopathen – warum soll ich sie nicht in Anspruch nehmen? Auf der anderen Seite gibt es ›christliche‹ Ärzte, die für die Diagnose von Krankheiten und für die Bestimmung von Medikamenten das Pendel zu Rate ziehen, Akupunktur anwenden, Patienten mit Warzen zu einem Besprecher weisen – die soll ich doch meiden! Wie komme ich zu einer für mich richtigen Behandlung? Zugegeben, die Entscheidung ist mitunter schwer. Eindeutig klar ist zunächst, daß jede Behandlung mit zweifelhaften Methoden abzulehnen ist. Aber für ebenso klar halte ich es, daß eine Behandlung durch einen gläubigen Menschen angenommen werden darf. Doch was heißt hier ›gläubig‹? Das muß geprüft werden, und jeder, der sich behandeln lassen will, hat es zuvor selbst zu prüfen. Es genügt nicht, daß ein anderer den betreffenden Heiler für gläubig hält.

In der Gegenwart, die mehr und mehr endzeitlichen Charakter annimmt, werden Gläubige stärker gefordert als je zuvor. Deshalb mahnt uns Jesus: Laßt euch nicht verführen! Wachet und betet! Die richtige Weisung dazu gibt der 1. Johannesbrief. Dort heißt es[133]: »Glaubet nicht einem jeg-

[133] 1. Joh. 4,1–3

lichen Geist, sondern prüfet die Geister, ob sie von Gott sind. Daran sollt ihr den Geist Gottes erkennen: Ein jeglicher Geist, der da bekennt, daß Jesus Christus im Fleisch gekommen ist, der ist von Gott, und ein jeglicher Geist, der Jesus nicht bekennt, der ist nicht von Gott.« Um also festzustellen, ob ein Mensch, dem man sich zur Behandlung anvertrauen will, vertrauenswürdig ist, d. h. in allem, was er sagt und tut, sich vor dem lebendigen Gott verantwortlich weiß, sollte man im Wartezimmer still und ehrlichen Herzens beten: »Herr Jesus, ist der Heilpraktiker, der Arzt, der Homöopath, den ich aufsuche, ein Mensch, der daran glaubt, das in dir der lebendige Gott Mensch geworden ist, daß du wirklich der Sohn Gottes bist? Wenn das nicht der Fall ist, dann laß ihn bitte an mir nichts ausrichten können. Bewahre mich davor, daß ich Schaden nehme an meiner Seele. Danke, daß du bei mir bist nach deiner Verheißung! Amen.«

Zu dem hiermit angeschnittenen komplexen Problem über Krankheit und Wege zur Heilung kann ich nur kurz Stellung nehmen. Für eine eingehende Darlegung über mögliche Hilfen und mögliche Gefahren verweise ich insbesondere auf die Bücher von P. Tournier[134], S. J. McMillan[135], F. Laubach[136], M. Heide[137]; ferner empfehle ich das Buch über Krankenheilung durch Gebet von B. Martin[138].

Mediale Begabung, kosmische Energie u.a.m.

Unter einem Medium versteht man eine Mittelsperson, die für die Verbindung zum Übersinnlichen, d. h. zum Unsichtbaren, besonders befähigt ist. Sie kann Wirkungen sowohl

134 *P. Tournier,* Bibel und Medizin, Bern o.J.; Krankheit und Lebensprobleme, Basel-Stuttgart 1978

135 *J. S. McMillan,* Vermeidbare Krankheiten, Wuppertal 1978

136 *F. Laubach,* Krankheit und Heilung in biblischer Sicht, Wuppertal 1976

137 *M. Heide,* Neue Wege des Heils – Hilfe oder Gefahr?, Aslar 1982

138 *B. Martin,* Die Heilung der Kranken als Dienst der Kirche, F. Reinhardt AG, Basel 1956

von dorther wahrnehmen wie auch nach dorthin tätigen. Wer eine solche Fähigkeit besitzt, ist medial begabt. Er weiß es im allgemeinen nicht, weil diese Fähigkeit dem Unbewußten zugehört. Da das Unsichtbare dem Menschen nicht zugänglich ist (Kapitel 3) und seinem Vordringen sich nur das Reich der Finsternis öffnet (Kapitel 1), hat eine mediale Begabung ihre Wurzel im Okkulten. Sie wird als Folge okkulter Praktiken oder durch Vererbung erworben. Sie ist niemals eine göttliche Gabe, auch wenn viele medial Begabte sie als das empfinden und so bezeichnen. Sie ist eine okkulte Belastung, von der man sich befreien lassen sollte (Kapitel 14).

Kosmische Energie in dem Sinne, wie sie viele Heiler für ihre Heilverfahren voraussetzen, nämlich als »Lebenskraft« oder als »kosmische Kraft«, existiert in physikalisch nachweisbarer Weise nicht. Glaube an ihre Existenz ist Aberglaube. Ein Operieren mit ihr oder ein Berufen auf sie bedeutet Inanspruchnahme von Kräften aus dem Reich der Finsternis.

Hieran liegt es, weshalb vor vielen Heilern gewarnt werden muß. Es sind nicht so sehr ihre Methoden, wie etwa Akupunktur oder homöopathische Mittel, die seelischen Schaden verursachen. Es ist vielmehr die Ausstrahlung und Übertragung seitens des Heilers, der medial begabt ist und bei seiner Behandlung okkulte Kräfte ins Spiel bringt. Durch ihn als okkult belasteter Person trägt der Behandelte, auch wenn er von seinem Leiden ›geheilt‹ wird, seelischen Schaden davon.

Auch bei dem Pendel geht es um Reaktionen über das Unbewußte, das sich bei völliger geistiger Passivität des Pendlers für Informationen öffnet. Eine »Sprache« muß erlernt sein, um die Bewegungen des Pendels zu »verstehen«. Oft ist es nur ein »Ja« oder ein »Nein«, das erkannt zu werden braucht, wenn z.B. über einer Liste von Krankheiten oder über einem Verzeichnis von Medikamenten gependelt wird, um richtige Diagnosen und richtige Verordnungen zu geben. Das Pendel wird aber auch als Wahrsagegerät benutzt im Sinne von Zeichendeuterei nach geheimer Lehre. Es geht bei allen, die mit dem Pendel arbeiten, ob es Ärzte, Heilpraktiker, Heiler oder sonstige Personen sind, um geübte Konzentration nach innen, d.h. um mediale Begabung, und um – meist unbewußtes – Anrufen einer unsichtbaren Macht. Das kann sich auch schon bei einem bloßen »Spielen« mit dem Pendel einstellen. Ich warne vor jedem Experimentieren und vor jeder Hilfe, die durch Pendeln ermittelt wird.

Die neue »Lebenshilfe« Biorhythmik geht davon aus, daß jeder Mensch die Basisrhythmen von 23, 28 und 33 Tagen besitzt, deren Zusammenspiel er wichtige Hinweise für »sinnvolle« Lebensgestaltung entnehmen könne, insbesondere für Gesunderhaltung, Lebensplanung und Erfolgssteigerung. Der erste Rhythmus wird als körperlicher, der zweite als seelischer und der dritte als geistiger Rhythmus verstanden. Die Berechnung der Biorhythmen ist nicht schwer. Erstellt man sich daraus sein Rhythmogramm für einen bestimmten Zeitraum, so kann man daraus Höhen und Tiefen sowie die kritischen Tage ablesen und sein Handeln danach einrichten, d.h. Risiken unter Umständen vermeiden. Ebenso können Partner ihre Rhythmogramme vergleichen und daraus die Prozentsätze ihrer körperlichen, seelischen und geistigen Übereinstimmung ermitteln. Was aber mit dem allen dem modernen Menschen aus tiefer Überzeugung und Hilfsbereitschaft als »Lebenshilfe« angeboten wird, offenbart in erschreckender Weise den gottlosen Zustand unserer Zeit: der Mensch ist das Maß aller Dinge, das Handeln kann im voraus geplant und dem Schicksal entgegengetreten werden. Das Biorhythmoskop spielt in entsprechenden Zeitschriften vielleicht noch eine größere Rolle als das Horoskop. Gott braucht man nicht mehr.

Wie anders leben Menschen, die sich und ihr Leben vertrauensvoll dem lebendigen Gott anheimstellen und Jesus Christus als ihren Herrn anerkennen, der sie erlöst und von ihrer Schuld befreit hat und ihnen über seine Worte die Gewißheit schenkt: Solches habe ich mit euch geredet, daß ihr in mir Frieden habt. In der Welt habt ihr Angst; aber seid getrost, ich habe die Welt überwunden.[139]

Die Phase der gegen Schädlinge aller Art eingesetzten chemischen Mittel mit ihren großen Erfolgen hat mittlerweile einer Phase der Skepsis und weitgehender Ablehnung weichen müssen. Gespritzte Nahrungsmittel, chemisch gefärbte Instantpulver, übermäßig vorbehandelte Grundstoffe wie Mehl, Zucker, Milch u.a. werden ängstlich gemieden; sie könnten eine Gefahr für die Gesundheit darstellen. Das Wort »biologisch« hat eine gewaltige Überzeugungskraft und Faszination gewonnen. Biologisch vollwertiges Brot, biologisch gezogenes Gemüse, hormonfreies Fleisch, naturreine Säfte, Marmeladen ohne künstliche Farbstoffe, biologische Heilmittel u.a. werden immer mehr angeboten und trotz überhöhter Preise gekauft. Ebenso stellt man sich auf Diätvorschriften ein, eine geschäftsmäßig angepriesene »naturgemäße« Lebensweise, aber alles nur, um Wohlstand und Wohlergehen vor möglichen Gefahren zu retten. So vernünftig eine maßvolle und gesunde Lebensweise ist, mit dem »Bio-Boom« erhebt der autonome, von Gott gelöste Mensch die Natur, seine Gesundheit und sein Ich zu Götzen, auf die er seine Hoffnung setzt, denen er sich ausliefert und von denen er seine Ziele bestimmen läßt: zurück zur Natur, Kraftschöpfen aus dem Kosmos, Aufgehen im Universum, Teilhaben an einem »göttlichen« Sein.

Auch ihnen kann man nur zurufen, sich an den lebendigen Gott zu halten, der sein Geschöpf, den Menschen, ganz anders und viel besser erhalten und bewahren kann, als es Menschen selbst zu vermögen meinen. Von ihm heißt es[140]: Alles, was Gott geschaffen hat, ist gut, und nichts ist verwerflich, was mit Danksagung empfangen wird; denn es wird geheiligt durch das Wort Gottes und Gebet.

139 Joh. 16,33
140 1. Tim. 4,4

Auch gläubige Christen neigen dazu, unterschiedslos jedes erfolgversprechende Heilungsangebot in Anspruch zu nehmen. Was hilft, könne doch nicht schlecht oder falsch sein, hört man häufig als Argument. Man muß wissen und bedenken: Es genügen niemals christliche Vokabeln, Gebete, Kreuzzeichen, Anrufen der drei höchsten Namen, religiöse Riten, um einen »Heiler« als »gut christlich« anzusehen, sondern allein sein Bekenntnis, daß Jesus Christus der Sohn Gottes und Gott in Jesus zu uns Menschen gekommen ist. Wer sich dazu bekennt, muß seine Methoden überprüfen, und der sie konsultierende Christ muß dies ebenfalls tun. Die kritischen Anfragen, auch an die Heilpraktiker, haben in letzter Zeit zum Zusammenschluß der christlichen Heilpraktiker zu einem eigenen Verband geführt, der sich ausschließlich naturheilkundlichen Methoden verpflichtet hat.

Abschließend möchte ich einige Verhaltensweisen denen empfehlen, die zweifelhaften Heilungsmethoden mit Ungewißheit gegenüberstehen.

- Wer mit solchen Methoden zu tun gehabt hat, ohne in seinem Glaubensleben spürbar Einbuße erlitten zu haben, sollte sich im Gebet davon trennen, etwa mit den (von Herzen kommenden) Worten: »Herr Jesus Christus, ich bin bei dem ... gewesen und er hat mit den und den Methoden an mir gehandelt. Wenn es falsch war, so vergib es mir bitte und nimm alles Dunkle, das dadurch auf mich gekommen sein mag, von mir. Ich danke dir für deine Gnade. Amen.«
- Wer mit solchen Methoden zu tun gehabt hat und deutliche Störungen in seinem Glaubensleben verspürt (keine Freude mehr am Bibellesen, am Gebet, an Gemeinschaft; Ängste, böse Gedanken u.ä.), sollte – auch wenn er sich unwissentlich den Heilungsmethoden zugewandt hatte – darüber Buße tun und sich davon lossagen, etwa mit den (ehrlich empfundenen) Worten: »Herr Jesus Christus, ich bekenne dir meine Schuld, daß ich mich dem ... und sei-

nen Methoden wissentlich/unwissentlich anvertraut habe. Bitte vergib mir diese Schuld. In deinem Namen, Herr Jesus, sage ich mich los von jedem Einfluß finsterer Mächte, der durch mein Tun und Geschehenlassen auf mich gekommen ist. Bitte reinige mich von allem durch die befreiende Kraft deines heiligen Blutes. Amen.«

Ein solches Gebet wäre in Gemeinschaft mit einem erfahrenen Seelsorger gut angebracht, der dann im Namen Jesu Vergebung zuspricht und die Lossprechung vollzieht (Kapitel 14).

– Ist auf okkultem Wege Heilung bewirkt worden, so steht der Geheilte vor einer schweren Entscheidung, die ihm aber um seines Seelenheils willen nicht vorenthalten werden darf: Will er mit okkulten Mitteln geheilt *bleiben* oder verzichtet er darauf gemäß dem Worte Jesu[141]: »Was hülfe es dem Menschen, wenn er die ganze Welt gewönne und nähme Schaden an seiner Seele?« Will er sich diesem Worte Jesu stellen, so bete er zusätzlich zu dem ersten oder zweiten der vorstehend empfohlenen Gebete: »Herr Jesus Christus, ich bin durch den und den von meiner Krankheit geheilt worden. Wenn das durch Mittel und Hilfen geschehen ist, die vor dir nicht bestehen können, so laß die Krankheit zurückkommen. Ich will lieber krank sein als Schaden nehmen an meiner Seele. Herr, erbarme dich über mich! Amen.«

Es kann sein, daß bereits bei dem vorangegangenen Gebet, verbunden mit der Befreiung von dunkler Belastung, die Krankheit zurückgekehrt ist. Dann hat der erneut Kranke das gemäß Jesu Wort[141] getrost zu tragen. Doch kann er auf reguläre Weise eine Behandlung vornehmen lassen, stets unter begleitendem Gebet.

– Ist jemand krank und sucht Heilung bei einem ihm unbekannten, aber empfohlenen Heiler oder wird er von einem guten Bekannten zu einem Heiler gebracht, ist sich aber nicht gewiß, ob er diesen guten Gewissens aufsu-

141 Matth. 16,26

chen darf, so bete er (auch mit ehrlichem Herzen) still für sich, wenn er im Wartezimmer sitzt: »Herr Jesus Christus, ich weiß nicht, ob Mittel und Wege dieses Heilers, den ich jetzt in Anspruch nehmen soll/will, vor dir bestehen können. Bitte bewahre mich vor jedem Einfluß finsterer Mächte und laß ihm nichts gelingen, das meiner Seele schadet. Danke für deinen Beistand! Amen.«

Wenn dann der Heiler bei der Untersuchung bzw. Behandlung erklärt, er könne nichts ausrichten, so weiß der Kranke, daß er diesen Heiler nicht in Anspruch nehmen soll. Im anderen Fall kann er den Heiler weiter aufsuchen, soll aber jedesmal im Wartezimmer in gleicher Weise beten wie beim ersten Mal.

- Kommt jemand *überraschend* in eine Situation, die seiner Seele gefährlich werden kann, wird er etwa in die Versammlung einer Sekte oder gar in eine spiritistische Sitzung (ohne Vorankündigung) mitgenommen oder soll er mit einem Rutengänger oder mit einem Pendler »üben« oder »mitspielen« (ohne daß er sich dagegen wehren kann) – gleichgültig, wie die Situation ist, die ihn überfällt, sowie er Schaden für seine Seele zu befürchten hat, bete er, unter Umständen nur als Stoßgebet: »Herr Jesus, hilf! Sei du mein Schutz! Ich berge mich in dir. Laß mich bewahrt bleiben! Laß nichts Dunkles in mich eindringen. Ich bin Dein, laß mich Dein bleiben! Amen.«
- Und als Letztes: Wer in irgendeiner Weise mit okkulten Machenschaften in Berührung gekommen ist, lasse keine Angst oder Sorge über sich kommen, sondern vertraue fest darauf, daß Jesus stärker ist als alle Mächte der Finsternis. Er hat alles, was uns Angst machen will, überwunden, und vergibt uns unsere Schuld, wenn wir ihn darum bitten. Deshalb dürfen wir getrost unseren Weg mit ihm gehen. Er ist bei uns alle Tage bis an der Welt Ende.

NEUE R. BROCKHAUS TASCHENBÜCHER

146/147 **Um Füße bat ich und er gab mir Flügel** v. D. C. Wilson
178/179 **Finger an Gottes Hand** v. D. C. Wilson
184 **Man lebt – fragt sich nur wozu?** v. K. Vollmer
188 **Das normale Christenleben** v. W. Nee
194 **Er führt mich auf rechter Straße** v. E. Modersohn
195 **Nachdenken – Umdenken – Neudenken** v. K. Vollmer
196 **Teenager-Probleme** v. K. Eickhoff
201 **Ich muß mit dir reden** v. K. Eickhoff
206 **Im Schatten des Allmächtigen** v. E. Elliot
222 **Ich bin der Herr dein Arzt** v. H. C. Spurgeon
226 **Liebe dich selbst** v. W. Trobisch
228 **Das neue Erwachen** v. R. Hession
243 **Aber Herr Noah . . .** v. K. Vollmer
249 **Warum unbedingt Jesus?** v. W. Heiner
252 **Fragen erlaubt** v. E. Price
254 **Die Zuflucht** v. C. ten Boom
260 **Und etliches fiel auf den Fels** v. B. Giertz
263 **Seelsorge – wie macht man das?** v. R. Ruthe
264 **Der Wolkenschieber** v. H. Kemner
265 **Denken erwünscht!** v. G. Schröter
267 **Zwischen Gott und Satan** v. H. Thielicke
268 **Rebell aus Liebe** v. G. Irwin
271 **Kleine Therapie für geistliche Durststrecken** v. W. Trobisch
274 **Krankheit muß kein Schicksal sein** v. R. Ruthe
281 **Der Spiegel Gottes** v. W. Nee
289 **Wie sage ich: »Ich liebe dich«?** v. J. J. Swihart
290 **Gib nicht auf, Wanja!** v. M. Grant
291 **Der Schmuggler Gottes** v. Br. Andrew
292 **Wir sind hier fremde Gäste** v. G. Tersteegen
293 **Wie sollt ich Gott nicht loben** v. M. Claudius
294 **Geheime Fracht** v. J. H. MacLehose
297 **Der neue Sound** v. A. Malessa
298 **Eseleien** v. S. Kettling
302 **Ich gedenke der vorigen Zeiten** v. K. Heim
304 **Dein Typ ist gefragt** v. O. Hallesby
305 **Freu dich, das Beste kommt noch** v. C. ten Boom
306 **Mein Leben ist ein Wandern** v. L. Richter
309 **Das Schönste kommt noch** v. F. Rienecker
310 **Toleranz und Wahrheit, wie Hund und Katze?** v. S. Kettling
312 **Mit Gott durch dick und dünn** v. C. ten Boom
313 **Achtung: Fehlschaltung!** v. M. Horie
314 **Tal der Liebe** v. E. Hong
315 **Kinder brauchen mehr als Liebe** v. J. Wilt